A AUDÁCIA
DE VIVER

Arnaud Desjardins
Véronique Loiseleur

A AUDÁCIA DE VIVER

Tradução
MARIA STELA GONÇALVES
ADAIL UBIRAJARA SOBRAL

EDITORA PENSAMENTO
São Paulo

Título do original:
L'Audace de Vivre

Edição	Ano
1-2-3-4-5-6-7-8-9	96-97-98-99

Direitos de tradução para o Brasil
adquiridos com exclusividade pela
EDITORA PENSAMENTO LTDA.
Rua Dr. Mário Vicente, 374 — 04270-000 — São Paulo, SP — Fone: 272-1399
que se reserva a propriedade literária desta tradução.

Impresso em nossas oficinas gráficas.

ÍNDICE

INTRODUÇÃO

Mais uma vez, eis um livro preparado a partir de respostas a perguntas e de conversas gravadas. Ele nasceu das dúvidas, dos sofrimentos, das inibições daqueles e daquelas a quem me dirigi, tendo por isso conservado o tom familiar de quem fala diretamente a pessoas que tem diante de si. Mas também foi feito um importante trabalho de seleção, de compilação e de reestruturação, trabalho que esteve a cargo de Véronique Loiseleur. Tal como está redigida, esta obra lhe deve muito.

Desde que tenho leitores, vejo-me submetido a dois tipos de críticas totalmente contraditórias. São numerosos os que me reprovam por enaltecer o hinduísmo e o budismo desconhecendo altivamente a Revelação de Deus aos profetas e a sua encarnação em Jesus Cristo. Sou assim considerado um difusor das religiões orientais que perturba os cristãos e, sobretudo, afasta os jovens da Igreja. Outros condenam minhas referências aos Evangelhos e o uso do vocabulário religioso como prova da minha flagrante incompreensão do não-dualismo vedanta ou até mesmo como uma traição ao meu guru Swâmi Prajnanpad. Com efeito, das cerca de trezentas conversas que mantive com ele em nove anos, Swâmi Prajnanpad só se referiu a Deus como Pai uma única vez. Ele se atinha de modo estrito à formulação não-dualista, na qual não há intervenção de um Deus pessoal. Mas lembro-me de uma das últimas falas que ouvi dele: "*You can follow Swâmiji, Arnaud, you cannot imitate Swâmiji.*" ("Você pode seguir Swâmiji, Arnaud, mas não pode imitá-lo".) Para mim, seguir Swâmiji é, antes de mais nada, levar em consideração as necessidades daqueles que se dirigem a mim e utilizar a linguagem que eles podem compreender — não apenas com a inteligência, mas também com o coração. Assim sendo, não escondo a minha convicção de que os caminhos religiosos e a ioga do conhecimento levam à mesma liberdade interior e ao mesmo amor universal. Para mim, Ramdas, cujo nome significa "escravo de Deus", era tão sábio quanto Ramana Maharshi, que preconizava antes de tudo a busca direta do Eu.

Esta obra faz várias referências a dois homens que ensinaram no Ocidente, G. I. Gurdjieff e Karlfried von Dürckheim (que nos deixou em dezembro de 1988). Não posso apresentar estas páginas sem experimentar e sem exprimir por ambos, por mais diferentes que eles tenham sido aparentemente, um sentimento de gratidão.

Arnaud DESJARDINS

Para que cada capítulo constitua um todo, mantivemos algumas repetições incluídas nas conversas de origem.

OUSEM VIVER

Certo dia, diante de uma pergunta sobre a morte, esta resposta se impôs a mim: "Você não tem medo da morte, você tem medo da vida." Refleti sobre essa resposta e percebi claramente o quanto é verdadeira: o medo da morte é tanto maior quanto menos se tenha ousado viver. Se de fato você não tem mais medo da vida, você não pode mais ter medo da morte, uma vez que descobriu em si mesmo o que é verdadeiramente a Vida — não a sua vida, mas a Vida única e universal que nos anima, com a evidência de que essa vida independe dos nascimentos e das mortes.

Vocês sabem que os ocidentais costumam opor a vida à morte, ao passo que, para os orientais, é o nascimento que se opõe à morte, exprimindo-se a vida por um movimento perpétuo de mudança, por um jogo ininterrupto de mortes e de nascimentos. Essa convicção é comum a muitas formas de espiritualidade, e o meu próprio "guru", Swâmi Prajnanpad, dava alguns exemplos simples: o nascimento da criança é a morte do bebê; o nascimento do adolescente é a morte da criança.

Ousar viver é ousar morrer a cada instante, mas é também ousar nascer, isto é, transpor grandes etapas na existência, onde aquele que fomos morre para dar lugar a um outro, com uma visão de mundo renovada, admitindo que possa haver aí vários patamares a serem superados antes da etapa última do Despertar. É estar cada vez mais consciente de que, a cada instante, nascemos, morremos, morremos, renascemos.

Mas ousar viver é, igualmente, de uma maneira simples, não mais ter o menor medo do que transportamos em nós mesmos. E estou certo de que muitos de vocês estão de acordo comigo, sobretudo os que começaram a descobrir o seu inconsciente. Vocês têm medo do que trazem em si mesmos porque sabem que não podem contar completamente consigo, que são suscetíveis de se envolver em situações que lhes causarão arrependimento. Mas vocês também têm medo do que trazem em si mesmos porque viveram situações na infância em que foram brutalmente contrariados em sua expressão, situações nas quais o que era uma forma da sua alegria de viver, do seu fervor, atraiu uma catástrofe sobre vocês, que se tornaram objeto de inúmeras críticas, enquanto que, na verdade, se sentiam muito felizes pelo que estavam prestes a fazer.

E não compreendemos — talvez o tenhamos revivido no âmbito de uma terapia — como e por que nossos pais ficavam tão zangados se nos parecia tão divertido cortar com um grande par de tesouras as mais belas cortinas da casa ou, como eu próprio o fiz, pôr um dia numa banheira cheia de água todos os sapatos de minha irmã, do meu irmão, do meu pai e da minha mãe para transformá-los em barcos. Meus pais tinham pouco dinheiro na época, e não havia muitos sapatos no armário, mas havia o suficiente para que eu tentasse fazê-los flutuar. Embora anódina, inofensiva, eis uma lembrança caracterizada para mim por uma trágica intensidade, do desespero de minha mãe à severidade de meu pai, passando pela minha felicidade solapada. Por que o que me parecia tão maravilhosamente divertido suscitou uma tal emoção em minha mãe, que acreditara terem sido todos os sapatos gravemente danificados?

Com freqüência, o que são pequenos incidentes aos olhos dos pais constituem acontecimentos terríveis aos olhos das crianças que fomos. O medo daquilo de que somos capazes instala-se em nós com muita rapidez e, a partir daí, se os pais não são particularmente hábeis, começamos a sufocar nossa força de vida, nosso "impulso vital". Começamos a reprimir nossa pulsão vital. E há também o fato, bem conhecido de vocês — que a psicologia nos ensina e que talvez vocês mesmos tenham verificado em sua experiência —, de que a descoberta do mundo da sexualidade costuma ocorrer no âmbito do mal-estar, da incompreensão, da sensação de culpa decorrente da masturbação infantil; o fato de que os impulsos que surgem na adolescência, e que nem sempre podem desabrochar como gostaríamos, nos perturbaram e desorientaram. E há nessa força vital, nessa libido, um imenso poder que vocês deixam de admitir de modo completo. De tal maneira que, neste mundo em que a liberdade dos costumes é muito maior, em que os meios de vocês se exprimirem são inúmeros, em que a atividade de viajar é facilitada, a maioria de vocês não ousa mais viver de maneira plena. E é quando deixam de assumir completamente em si mesmos o impulso vital que vocês começam a ter medo da morte. O medo da morte é uma ilusão; não se deixem perturbar por ele. O que é realmente importante é que vocês se libertem do medo de viver.

Esse medo de viver abrange dois aspectos: um é o medo de tudo o que trazemos em nós mesmos; o outro é o medo das situações concretas, com as conseqüências que elas podem provocar. O medo de viver não tarda a tornar-se o medo de sofrer; mais vale viver menos para sofrer menos. Olhem, vejam, perguntem a si mesmos se isso diz respeito a vocês ou não. Essa verdade se impôs a mim ao longo de nossas conversas particulares e de nossas reuniões em conjunto. Vocês têm medo de viver porque viver é enfrentar o risco de sofrer. Esse medo tem suas raízes em experiências passadas, pois é na medida em que viveram que vocês foram infelizes. Não apenas porque vocês sentiram o entusiasmo de pôr sapatos numa banheira mas também porque, depois de se apaixonar com dezoito anos, vocês sofreram do mesmo modo. E com muita freqüência vocês tomam a seguinte decisão, às vezes de forma inconsciente, às vezes de maneira muito consciente: "Não quero mais sofrer assim." Embora se trate de uma belíssima decisão, dela decorre outra que, por seu turno, é completamente falsa: "por conseguinte, não amarei mais" ou "portanto, não me envolverei mais em situações perigosas". Ora, é preciso ver com clareza que, para aquele que está empenhado em trilhar o caminho da sabedoria e que quer apreender pouco a pouco o segredo do sofrimento, é indispensável assumir o risco de viver e o de sofrer.

Por outro lado, se a nossa vitalidade, e talvez até mesmo a nossa exuberância quando éramos crianças, foram amiúde associadas com reprimendas — "Você não deve"; "Como você pôde fazer isso!" — e, portanto, subordinadas a um juízo de valor, essa riqueza da vida parece também ter sido amplamente condenada pelos ensinamentos espirituais que enaltecem o ascetismo, a austeridade, a renúncia, o retirar-se a um mosteiro ou a uma gruta de eremita e, por fim, a "morte a si mesmo" ou a "morte do ego". Eu próprio fiquei surpreso ao ver como um homem tão austero quanto Swâmi Prajnanpad insistia no valor dessa audácia de viver, de expor-se e de levar golpes. Essa atitude não me parecia alinhar-se diretamente com a linha da espiritualidade hinduísta tal como eu a compreendia. E há nisso um risco real de que muitas vezes me aproximei: o de camuflar sob propósitos nobres mas mentirosos esse medo de viver — que existia em mim, naturalmente (jamais compartilho de uma verdade que eu não tenha vivenciado e de que não tenha sido ajudado a me libertar; caso contrário, não me considero competente ou qualificado para falar dela). Em seguida, vocês se debatem numa impressão de sufocamento do seu desejo de levar uma vida ampla, uma grande vida, uma vida rica em experiências. O risco existente é o de que esse medo de viver seja ilusoriamente justificado por um ideal espiritual.

Segundo a terminologia hinduísta, os que são *rajásicos,* ativos, vivem intensamente, enquanto é preciso tornar-se *sátvico*, calmo, sereno, interiorizado. Desse modo, impôs-se a mim a imagem do sábio em meditação — olhos fechados e sorriso de Buda —, em detrimento da imagem do ser humano que ousa participar por completo da existência e aceitar todas as forças e todas as pulsões que estão nele antes de, pouco a pouco, tornar-se o seu mestre. Sim, há o risco real de uma imensa trapaça com relação a nós mesmos. Não acuso nem condeno ninguém, pois estou envolvido nas palavras que pronuncio. Um risco que eu corri com muita freqüência, e que vocês, moços e moças, homens e mulheres, também correm. E devo dizer que falo unicamente em nome da sabedoria e com vistas à mais elevada forma de espiritualidade. Sejamos primeiro perfeitamente naturais antes de aspirar ao sobrenatural. "Aquele que trai a terra nunca atingirá o céu" — essa conhecida fórmula é eloqüente.

É um erro trágico continuar a sufocar uma vida que já se encontra consideravelmente mutilada em nós com a convicção de que o caminho da espiritualidade o exige; ao retirar-me pouco a pouco do mundo, vou realizar o arquétipo do Sábio que renunciou a tudo, mergulhado na beatitude do nirvana. Imensa mentira, fruto de uma negação e de medo.

Aqueles que conhecem, por pouco que seja, a literatura do célebre, talvez demasiado célebre, Rajneesh, sabem como ele insistiu no tema "ousem viver" usando palavras como *celebrate* ou *celebration*: celebrem, façam da vida uma celebração. Mas, embora eu tenha achado admiráveis certas páginas de Rajneesh nesse ou naquele livro, não me apóio num homem de quem nunca me aproximei ou num *ashram* no qual jamais pus os pés. Atenho-me aos mestres que balizaram o meu caminho.

Tudo o que vocês ouviram da boca dos maiores sábios ou leram nas tradições espirituais com certeza é verdadeiro, havendo sem dúvida no caminho espiritual um aspecto fundamental de morte do eu. Não podemos ao mesmo tempo permanecer lagarta e tornar-nos borboleta. As asas não crescem e jamais crescerão nas costas das lagartas. Mas comecemos pelo começo. E se vocês querem uma espiritualidade real, e não uma caricatura, ousem primeiro reconhecer plenamente toda essa força de vida que existe na criança e que está, em vocês, em luta contra si mesma. Evidentemente, a efervescência da criança diminui com a idade. Não se espera que um velho seja tão agitado quanto uma criança de dois anos, que queira correr por toda parte e subir em tudo. Mas estou convencido de que grande parte do que se atribui a um movimento natural da idade provenha, de fato, de uma repressão da força vital que há em nós, exercida, em primeiro lugar, pelos educadores, depois pela existência em geral e, finalmente, por nós mesmos — e de que não é possível tornar-se um asceta nem um iogue reprimindo essa força de vida.

Se leram alguns livros sobre o hinduísmo, vocês sabem que o esoterismo do ioga se funda na liberação de uma força muito poderosa, a *kundalini*, cujo despertar prematuro num corpo não suficientemente purificado pode ser até mesmo perigoso. Não me prevaleço da *hatha ioga* nem da *kundalini ioga*, mas lembro-me da minha perturbação — eu, que estava impregnado de Ramdas, de Mâ Anandamayi, de Ramana Maharshi — quando Swâmiji quis me mostrar, em 1966, a mentira que era o meu ideal de meditação e de espiritualidade pura quando tantos aspectos meus ainda permaneciam irrealizados e frustrados, uma palavra da moda que todos conhecemos.

Esse homem encarnava, talvez mais do que outros, o despojamento. No que se refere às idéias feitas que temos do "sábio", ele era, por exemplo, o extremo oposto de um Gurdjieff, de quem nunca me aproximei mas cuja verdade (ou lenda) inspirou os dez primeiros anos da minha busca. Gurdjieff, que viveu com grande intensidade suas aventuras em busca da verdade no fim do século XIX, em que cada viagem representava uma verdadeira expedição, tinha o hábito de sacudir seus discípulos mergulhando-os em situações mais que difíceis e propondo-lhes que ousassem vivê-las plenamente. Tacharam-no de imoral, acusaram-no de ser ele próprio um depravado, compararam-no com Rasputin, mas, quanto a mim, sempre tive a convicção de que um homem capaz de compor uma música tão pura e tão cristalina não se reduzia à idéia que dele davam seus detratores, sendo, pelo contrário, sob uma forma desconcertante ou talvez até mesmo chocante, um sábio e um mestre.

Para o pequeno protestante que eu era — extremamente preocupado, por um lado, em não ser criticado e em agradar a todos, mostrando-me bastante sábio e gentil, e, por outro lado, impregnado de moral, de escotismo, de medos e de inibições —, não tendo podido encontrar o próprio Gurdjieff, o que eu ouvia dizer da sua pessoa, do seu ensinamento e dessa força de vida que dele emanava foi imensamente benéfico. Dito isso, afirmar que a sabedoria não pode originar-se da frustração nem do medo do que se carrega em si pode revelar-se perigoso e conduzir a uma imoralidade e a uma desordem que tampouco constituem o caminho da liberdade, muito pelo contrário.

Com o ensinamento de Gurdjieff, comecei, pois, a compreender que não havia uma incompatibilidade real entre a sabedoria — palavra que me fascinava desde que, aos 22 anos, eu lera *La Sagesse et la Destinée,* de Maeterlinck — e as formas mais concretas da existência. Em seguida, entrei em contato com um mundo inteiramente diverso, de que dei testemunho no meu livro *Ashrams* — o de Mâ Anandamayi, de Ramdas, dos *swâmis* em meditação às margens do Ganges ou sob um *banyan* —, um mundo que me parecia feito exclusivamente de beleza, de harmonia e de desapego, um mundo em que as pulsões eram de imediato transformadas em luz e em contemplação. Mais tarde, descobri que, exceto, é óbvio, a própria Mâ Anandamayi, Ramdas ou outros sábios admiráveis, muitos daqueles, hindus ou europeus, que moravam nos *ashrams* e que se tornavam grandes praticantes da meditação não tinham de fato atingido nenhuma liberdade real. Sem dúvida, eles se mostravam muito belos em sua postura imóvel e silenciosa, e ocorria com certeza algo de grande em sua meditação. Mas, fora dessas horas de meditação cotidianas — e isso me desconcertou muito na época —, eu os via cheios de emoções, facilmente irritáveis, ciumentos ou completamente à margem da verdade. Por exemplo, eles me entretiveram longamente num dia em que eu estava muito cansado, em que eu não exigia nada deles, e fizeram discursos, que eu não ousei interromper para corrigi-los, a respeito de *maya* e da irrealidade do mundo no ensinamento de Shankaracharya. Na época, eu não me preocupava nem um pouco com a psicologia nem imaginei imediatamente que aquela logorréia fosse a manifestação de instintos ou de tendências recalcadas, para não falar de neuroses. Mas senti um mal-estar ao ouvi-los.

Depois conheci Swâmi Prajnanpad em seu *ashram* pobre e austero, esse homem que renunciara sucessivamente a uma carreira política em que muitos indianos gostariam de vê-lo empenhar-se (Swâmiji era amigo íntimo de Lal Bahadur Shastri, que foi primeiro-ministro da Índia depois de Nehru), a uma carreira universitária e, por fim, à vida conjugal normal com uma mulher que todos concordavam em julgar deslumbrante em sua juventude. Swâmiji abalou meus alicerces (não se abala um homem cujos alicerces são sólidos) convencendo-me de que eu mesmo era *narrow*, estreito, *shallow*, superficial, e *cripple,* frágil, quando eu tinha quarenta anos e a minha vida parecia conter certa riqueza, porque eu viajava, cruzando as estradas da Ásia, e porque me atrevera a questionar as proibições sexuais da minha juventude. Foi duro entender essas palavras de Swâmiji. Eu estava amputado, não só da profundidade à qual podia dar um sentido metafísico — a Essência sob a aparência, o Real sob o irreal, o Uno sob o múltiplo, o Imutável sob o transitório (isso eu bem queria ouvir, pois me alimentava desse gênero de leituras) — como também da minha própria profundidade vital, das minhas pulsões, dos meus instintos. Esse homem, que representava para mim o Vedanta vivo e de quem não se podia suspeitar que legislasse em causa própria, visto que vivia na renúncia e, várias horas todos os dias, na imobilidade, belo como uma estátua, esse homem se contrapunha a mim para destruir uma imagem de sábio que eu fizera para mim mesmo a partir de Ramdas e de Mâ Anandamayi; naturalmente, eu conservo, diria que até mesmo mais do que nunca, minha veneração por ele. Ele me fez reconhecer que havia desonestidade na minha vida espiritual e que eu fugia, na meditação, não apenas de vários aspectos da existência concreta, como, sobretudo, de vários aspectos do meu próprio ser.

* * *

Sem dúvida, vocês conhecem o papel que o *lying* desempenha junto a Swâmiji, ascese que consistia em trazer à superfície as lembranças de infância com sua carga traumática e, assim fazendo, em lançar plena luz sobre a maneira como ficamos medrosos, como se imprimiu em nós a idéia de que atrever-se a confiar em nosso impulso vital pode ser perigoso ou até mesmo condenável. Tornar consciente o inconsciente não se reduz a atenuar certos sofrimentos exprimindo-lhes a origem; trata-se também de compreender de que modo ficou gravada em nós a terrível lei: "Viver é ruim!" Toda a educação, mesmo que não seja particularmente religiosa, diz à criança: "Esta é uma coisa muito boa!" e "Isto é ruim; como você foi capaz de fazer isto?" Com muita rapidez, dividimos o mundo em dois e formamos uma idéia do que é bom, isto é, do que agrada aos nossos pais e aos nossos educadores, e do que é ruim, ou seja, simplesmente, do que lhes desagrada. E, com isso, começa a tragédia que Swâmiji resumiu nestas três palavras: frágil, estreito, superficial.

Para vocês, uma dada ação era boa. Para papai, para mamãe, a quem talvez vocês amassem, admirassem, era ruim. Como são forçosamente papai e mamãe que têm razão, e, portanto, como sou eu que me engano, não posso mais crer em mim. É preciso que eu desconfie do meu impulso vital ou das formas que ele pode assumir. E, em seguida, construímos essa prisão como uma aranha tece a sua teia ou como um bicho-da-seda tece o seu casulo; e somos nós mesmos que a alicerçamos a partir do impulso dado pelos educadores, sufocando cada vez mais as nossas pulsões. E aqui, intervém a fórmula: "*No denial,* Arnaud", "Não negue nada, Arnaud, não negue nada". Deus sabe que eu queria negar em mim tudo o que me incomodava, e eu tinha a impressão de ir ao encontro dessa sabedoria que me fascinava, e cuja imagem admirável eu tinha diante dos olhos nas figuras de todos os sábios, hinduístas e de todos os rimpoches tibetanos, que eu enquadrava com paixão no visor da minha câmara. Guardo a lembrança de uma batalha entre Swâmiji e eu, como se ele quisesse me afastar dessa espiritualidade que me fascinava para me lançar a um mundo que eu pretendia querer ultrapassar.

Na verdade, eu corria o risco de ultrapassá-lo ainda menos do que pretendia, porque jamais o tinha encarado de frente. Não se trata somente do mundo dos fascínios exteriores — as mulheres para os homens, os homens para as mulheres, o sucesso, o dinheiro, o poder —, mas também do mundo que trazemos em nós. Se, além disso, a pessoa estiver alimentada (como eu estava, através de René Guénon) com a idéia de que há uma supraconsciência luminosa e uma infraconsciência tenebrosa, infernal, a resistência será ainda maior e os mal-entendidos quase inevitáveis.

Mas eu o digo hoje com toda a força da minha convicção: não podemos atingir o Reino dos Céus negando esses instintos naturais. Eles nos animam desde a infância e se manifestam sob a forma da pulsão sexual na puberdade, com o seu aspecto emocional, o fervor, os engajamentos políticos, o sonho do grande amor, as causas nobres que inflamam o adolescente. Temos de reencontrar em nós uma potência de vida que não esteja dividida e em luta contra si mesma. Swâmiji usava com profusão a conhecida palavra sânscrita *shakti*, ou ainda *atmashakti,* energia fundamental do Eu, energia única infinita que se exprime através de todas as mortes, de todos os nascimentos, sendo cada morte a outra face de um nascimento, cada nascimento a outra face de uma morte. Até mesmo o nosso metabolismo não é senão um jogo de nascimentos e de mortes no nível fisiológico. *Shakti*, a energia, e *fullness of life*, a plenitude da vida. Swâmiji também empregava muito a palavra "riqueza", não a do ter, mas a do ser, riqueza essa que é impossível fazer crescer em meio à divisão e ao conflito. Se uma parte das nossas forças vivas é utilizada para recalcar ou para negar outra parte, o que nos resta como energia para nos exprimirmos?

A sensação geral de opressão — e até de sufocamento — está ligada a essa repressão da própria força vital, porque ela se dividiu em tentativas de exteriorização que têm como contrapartida uma repressão quase permanente. É claro que essa potência de vida pode ser iluminada, purificada, mas deve ser considerada como emanando da realidade mais elevada. A Manifestação, expressão do Não-manifesto, anima as nossas células, a nossa respiração, as batidas do nosso coração e a circulação do nosso sangue; ela sustenta toda a nossa fisiologia... em particular a força sexual. Se não for mais dividida contra si mesma, essa energia pode ser dominada, transformada, aprimorada e posta ao serviço de uma compreensão mais elevada; posta ao serviço da justiça de cada situação, da sabedoria, de *prajna*, da vontade de Deus, mas apenas na reunificação, apenas na audácia de viver.

A audácia de viver implica não ter mais medo de si mesmo, de refazer o caminho no sentido inverso, isto é, desfazer os nós e retirar as interdições que condenaram vocês a esse medo de si mesmos e à mentira de uma espiritualidade desencarnada feita de negações. Trata-se de uma reunificação a partir da qual podem começar o domínio e controle. E também é, além disso, depois da coragem de reconhecer completamente o que está em cada um, a coragem de se atirar na existência, de correr riscos, de receber golpes, sabendo de antemão que se foi exposto ao jogo dos opostos, realizado-malogrado, feliz-infeliz, louvor e condenação. Naturalmente, é preciso enfrentar condições até então julgadas dolorosas, mas vocês estarão à altura de assumi-las porque, quando "formam unidade" com uma situação, seja ela qual for, essa situação não pode mais afetá-los, e porque, quando vocês aceitam o seu próprio sofrimento, este se converte na paz das profundezas.

Não há, praticamente, nenhum grande destino espiritual que não tenha atravessado terríveis momentos de sofrimento, de provações, de testes. Talvez vocês conheçam o provérbio inglês que os hindus citam com tanta freqüência: "*Man's extremity is God's opportunity*", "Quando o homem se reduz à sua última extremidade, Deus tem enfim a sua oportunidade." Pode ser que vocês tenham lembranças do seguinte tipo: no momento em que pareciam estar tocando o fundo do tormento e do impasse, alguma coisa em vocês se soltou e, num piscar de olhos, uma incrível e inimaginável paz os inundou sem que a situação tivesse mudado. Retomo a brutal e magnífica fórmula de Karlfried von Dürckheim: "Aquilo que não o mata o faz crescer." E para morrer verdadeiramente, é preciso muita coisa. Nenhum de vocês morreu, nenhum de vocês se suicidou. Todos, porém, num momento ou em outro, tiveram a impressão de sofrer, e de sofrer ainda mais, de que a vida era dura, difícil, de que a vida era dolorosa.

Quando tiverem compreendido estas bases do ensinamento, às quais retorno incansavelmente — o sofrimento aceito não é doloroso, as situações aflitivas adquirem um sentido e nos impelem ao Reino dos Céus que está dentro de nós —, vocês não terão mais medo de sofrer. É a isso que se precisa chegar. Entendam-me bem: se seguirem o Caminho por medo de sofrer, vocês nunca irão progredir. Concordamos plenamente com o fato de que o objetivo do caminho é o desaparecimento do sofrimento, a paz que permanece, a alegria que ultrapassa toda compreensão. Buda disse: "Só ensino duas coisas, ó discípulos: o sofrimento (todas as leis que nos permitem compreender o sofrimento) e o desaparecimento do sofrimento." Estamos todos de acordo com o fato de que a meta — a beatitude, *ananda*, a liberdade — implica o desaparecimento do sofrimento e um estado de amor universal e imutável. O Caminho, no entanto, passa pelo sofrimento. E o discípulo não é aquele que tenta recuperar tudo o que lhe é proposto no *ashram* ou no mosteiro para não mais sofrer; o discípulo é aquele que não tem mais medo de sofrer e não teme colocar-se em situações que talvez o levem a sofrer. Ao menos ele terá tido a experiência, terá vivido, terá sabido aquilo que a existência poderia ou não lhe dar, terá começado a compreender a verdade daquilo que chamamos de *maya,* a ilusão, *moha,* o apego, com o jogo da atração e da repulsão. Um discípulo concorda em sofrer.

Um homem concorda em sofrer com o frio se quer explorar o Pólo Norte; um outro em suportar intempéries no alto de uma montanha e em se expor eventualmente ao frio e à cerração; outro ainda, em enfrentar uma tempestade, se navega em alto-mar. O que se lança ao Caminho considera que mais vale viver e sofrer do que não viver para não sofrer. E não estou esquecendo de que em mim, por detrás dos vestígios de uma educação demasiado restritiva e de um ideal que não renego, ocultam-se a mentira e o medo de sofrer. Revejo-me em 1966, defendendo-me tenazmente diante de Swâmiji ("*You are a coward, Arnaud*". Você é um covarde, Arnaud), tentando convencer a mim mesmo de que Swâmiji não era um guru, mas um psicanalista, ao mesmo tempo que permanecia atraído por esse homem tão bom, tão nobre e tão sorridente. Na superfície, eu tinha somente dúvidas e, nas profundezas, sentia que era necessário desenvolver a confiança.

Esse ano de 1966 foi um período muito doloroso da minha vida. Contudo, foi o ano em que *Le Message des Tibétains* foi exibido na televisão, em que o diretor Arnaud Desjardins se tornou repentinamente muito conhecido e em que, do ponto de vista profissional, o mundo mudou para mim. Mas foi também o ano desse combate com Swâmiji, que me obrigou a viver com maior amplitude, com maior abrangência, a reconhecer tudo aquilo que havia em mim, a encarar a minha pequenez e a minha superficialidade, a aceitar as forças da profundidade em mim mesmo e a ousar me lançar ainda mais no jogo da existência, sabendo que seria submetido a uma dura prova. Foi a única possibilidade de crescer verdadeiramente e de atingir um dia uma realização *all embracing*, como se diz na Índia, uma realização que inclua tudo, e que nos proteja completamente de todo retrocesso, de toda decepção, de todo novo surto de desespero ou de fúria. Se quisermos sentir que somos, ao mesmo tempo, totalmente invulneráveis e desprotegidos, é preciso que cheguemos ao fundo de nós mesmos. Se certas *vasanas* (tendências, pulsões) foram recalcadas ou reprimidas, como podemos ser verdadeiramente sólidos se temos de lutar incessantemente contra elas? Como podemos estar em comunhão com a existência, que nos remete sempre a nós mesmos, se não estamos em comunhão com a nossa própria realidade? Swâmiji me obrigou a ver o que restava em mim de ambição e não de desapego, de exigências afetivas e sentimentais, de exigências sexuais, tudo aquilo que advém do nível corriqueiro da existência. Ele me obrigou a trazer tudo isso à luz e a decidir em seguida de que maneira eu iria vivê-lo, pois me pediu ao mesmo tempo o exercício do controle e do domínio.

"*Oh, Arnaud, can you miss the fullness of life?*" "Ó Arnaud, você pode passar ao largo da plenitude da vida?" Você pode satisfazer-se com uma metade da vida? É natural que, se a questão for apresentada nesses termos, nossa dignidade, não só a de discípulo mas também a de ser humano, responderá não. Não, não quero viver uma metade da vida enquanto estiver encarnado nesta terra. Tudo o que amamos representa uma metade da vida, e tudo aquilo de que simplesmente temos medo, porque associamos com a idéia de sofrimento, representa a outra metade. A plenitude da vida consiste em harmonizar, em purificar, em transcender a totalidade desta. Mas aí intervém a dificuldade que vivenciei: a metade da vida que eu recusava por timidez, por fraqueza, era, de boa-fé — a mente é uma grande mentirosa, mas sempre é sincera no momento — apresentada como escolha deliberada. Eu a associava com valores do bem e do mal, que eu racionalizava mas que, na verdade, não passavam do fruto de experiências de criança, uma criança marcada pela lei que acabei de descrever: "O que me agrada é ruim; o que agrada aos meus pais é bom." Haverá um fundamento de solidez e de verdade nesse *samskara*[1] maciço que se ramifica em tantos *samskaras* particulares?

Dito isso, não fiquem inquietos; não falei que existem em todos as pulsões mais cruéis, mais bestiais, mais imundas; e, sobretudo, eu não disse que tomar consciência dessas pulsões faria de vocês carrascos, violadores de mulheres ou escroques. Esses temores são ainda as mentiras da mente, e de modo algum se trata disso, mas de não mais ter medo da vida em si.

* * *

1. *Samskara* = impressão gravada em nós e seu dinamismo particular.

Ter medo da força da vida, do impulso vital, mesmo que este nos tenha trazido dificuldades enquanto éramos crianças ou adolescentes, constitui um sacrilégio. É uma blasfêmia, a recusa do próprio Deus. Queiramos ou não, Deus se exprime, se manifesta, por este mundo tal como é. Há no Gênesis uma afirmação inadmissível diante de uma reflexão menos profunda: "Deus viu que a sua Criação era boa." O quê? Deus viu que a sua Criação era boa? Mas se sua Criação contém grandes feras que comem as pequenas, secas que arrasam as plantações, tremores de terra que arruínam populações inteiras, seres humanos incapazes de se amar, pais que mutilam os filhos acreditando que os educam — e todos os sofrimentos de que padece o nosso próximo em períodos de guerras ou de revoluções, com todas as opressões que isso supõe!

"Deus viu que a sua Criação era boa." Na verdade, se aceitarmos a totalidade da criação, veremos que ela tem um sentido, além daquilo que nos choca, que nos escandaliza, além das contradições e dos opostos. Para nós, a primeira aplicação dessa verdade, "Deus viu que a sua Criação era boa", é a de que devemos nos aceitar completamente e na nossa totalidade enquanto criaturas, ou seja, criação ou expressão de Deus ou das energias de Deus, como afirma com insistência a Igreja Ortodoxa. O *yin* e o *yang*, o dia e a noite, o sol e a chuva, o quente e o frio, tudo está em nós. E somente quando nos aceitamos na nossa totalidade podemos atingir aquilo de que a *shakti* constitui a expressão, isto é, a luz, o amor, a invulnerabilidade, a paz, o infinito. Tantas palavras para uma realidade a que vocês podem aspirar e que lhes é prometida.

Vocês não podem atingir o Não-manifesto a não ser passando pelo manifesto. Não podem atingir o *atman* ou o *brahman* se não passarem pela *shakti*, a energia, e pela plenitude dessa energia. Se observarem bem, verão inicialmente que essa energia se compõe de contradições: construção e destruição, nascimento e morte, o que se convencionou chamar de dualidades. E essa energia às vezes toma a forma do que vocês aprenderam a reconhecer como bom em si mesmos, e às vezes do que vocês aprenderam a reconhecer como mau: certos desejos, certos pensamentos, certos fantasmas, certos impulsos. Essa energia se exprime em pensamentos que obcecam vocês, que os torturam, e em estados de espírito inteiramente felizes e otimistas. Manifesta-se como expansão do coração e como angústia, isto é, sob formas opostas.

E aquilo que pode ser descoberto — falo do ponto essencial que nos permitirá passar do nível da experiência comum ao nível superior — é essa energia *em sua fonte*, enquanto força de vida além, *ou, melhor ainda, aquém*, do jogo dos contrários. Vocês só podem sentir em si, tomar consciência em seu próprio ser, da potência dessa energia como uma energia positiva. Um positivo absoluto diante do qual não se forma nenhum negativo, disse-me um dia Swâmiji. Em sua fonte, essa energia em nós, *atmashakti*, é unicamente uma força de expressão, antes que se diga que essa expressão se vincula com Brahma, o aspecto da criação, ou com Shiva, o aspecto da destruição da manifestação universal.

No cotidiano, vocês só têm em si e fora de si a experiência de "pares de opostos": bom/mau, agradável/desagradável, prazeroso/desgostoso, está certo/está errado, sucesso/fracasso. E enquanto permanecerem prisioneiros do mundo das dualidades, vocês estarão submetidos a uma aspiração dirigida para o seu aspecto feliz e a um medo do seu aspecto doloroso — trata-se de um impasse. É preciso elevar-se a um outro plano. E, para encontrar o Último, o repouso na luz, a calma de um lago sem ondas, o oceano que se exprime pelas vagas, o caminho consiste em passar, em si mesmos, pela descoberta da energia em sua forma ainda não dividida em polaridades e ainda não especializada: unicamente a potência da vida.

Repito: a vida é exclusivamente positiva. É a sua expressão que toma a forma de criação e de destruição, e nós continuamos prisioneiros desse nível. A Vida é imortal, a Vida é eterna, a Vida é infinita. É a sua própria vida que lhes parece, porque vocês só conhecem dela a superfície, inexoravelmente condenada às oposições. Mas se vocês não tiverem mais medo de si mesmos, se não se limitarem mais a algumas idéias de generosidade ou de autodomínio, que são justas se forem bem compreendidas, mas que podem ser os pontos de apoio da nossa hipocrisia com relação a nós mesmos, se forem fiéis a si mesmos tal como o são hoje, vocês poderão descobrir em si mesmos a vida não-dual, o desaparecimento dos opostos (os *dvandvas*, como se diz em sânscrito, sobre os quais o *Bhagavad Gita* tanto insiste).

Essa não-dualidade, essa reconciliação harmoniosa dos opostos no diagrama do *yin* e do *yang* enlaçados num círculo, essa transcendência dos contrários, não se realiza unicamente no nível do Absoluto, do Não-manifesto, do Vazio (*shunyata*). Ela se revela também no nível da vida, da força de manifestação, da energia. É isso que pode salvar vocês. É isso que vocês podem descobrir de início, e é nesse nível que vocês podem se estabelecer desde o princípio.

Vocês não podem estabelecer-se no grande silêncio do nirvana se antes não estiverem arraigados no nível da energia fundamental ainda não dividida em polaridades. Não procurem unicamente na meditação um estado supraconsciente, desapegado de tudo, mesmo que esse estado seja real e venha a ser algum dia o primeiro plano de toda a sua existência, sejam quais forem as vicissitudes desta. Vocês jamais atingirão esse estado, que é para vocês uma justa aspiração, se recusarem aquilo que é expressão desse estado, isto é, a *shakti* que há em vocês, a potência quase assustadora da vida que os anima.

É verdade que certas formas de meditação podem levar a essa primeira etapa, notadamente toda a abordagem popularizada no Ocidente por Karlfried von Dürckheim, e que confirmei não apenas junto a mestres japoneses como também a iogues tibetanos: redescobrir a força da vida na bacia, no ventre, no hara, pela respiração e sobretudo pela expiração.

Uma forma bastante valiosa de meditação consiste em não procurar diretamente o *atman*, o absoluto, mas em procurar, antes de mais nada, a potência da vida que há em nós em estado não-conflituoso, não-dividido. E vocês podem descobri-la com mais facilidade do que podem realizar o *atman*, que é a sua fonte. Eis a própria chave da ioga: refazer em sentido inverso o caminho da manifestação, ir do mais grosseiro ao mais sutil, da multiplicidade à unidade. A "Manifestação" é uma expressão da energia; dessa maneira, remontamos em nós o caminho da energia. E sentimos em primeiro lugar, na meditação, uma impressão de força, de potência, de vitalidade não-conflituosa, anterior à divisão em positivo/negativo, em criação/destruição, e em todos os contrários.

O mais elevado estado de consciência que podemos alcançar consiste em nos estabelecermos nesse nível de não-dualidade, de não-contradição, que podemos denominar o Inalterável, o Indestrutível, nível em que, com efeito, deixam de ser colocadas questões acerca da morte e que, por minha vez, comparei com a tela de cinema na qual se projeta um filme, Shiva em meditação e não Shiva dançando. Todavia, para se estabelecer de modo permanente nesse nível, para que ele sirva de fundamento a todas as peripécias de sua atividade e lhes permita ser totalmente não-identificados com a personagem que vocês são — com seu nome, sua história, suas predisposições e seu *karma* —, é preciso percorrer ao contrário o caminho da manifestação, a fim de voltar ao não-manifesto. Vocês deixam de início o nível habitual das oposições e das contradições no domínio das emoções, das sensações, das idéias, dos estados de espírito, reencontram em si mesmos a energia fundamental e, com a ajuda dessa *shakti,* retornam ao *atman* de onde ela adveio. E, para começar, aceitem sem medo a integralidade de si mesmos. Por conseguinte, a meditação não é apenas a busca do Não-manifesto; é também a busca da origem da manifestação, a energia em si mesma.

É claro que vocês não podem dedicar a existência simplesmente a ficar e a permanecer conscientes de uma grande força de vida em si mesmos, cada vez mais intensa, uma força de vida totalmente tranqüilizadora, aquela que os animou como embriões, e mais tarde como bebês. Depois disso, vocês foram levados a viver o seu próprio *karma*, o seu destino, em todo caso o *prârabdhakarma,* o *karma* que, de qualquer maneira, trará os seus frutos, tenhamos ou não alcançado a iluminação, o despertar interior.

Porém, no caminho da sabedoria, vocês devem ousar viver: isso é certo. E de nada adianta aspirar à desrepressão suprema, ao infinito, a todas as grandes realidades espirituais de que ouviram falar, se não ousarem participar do jogo da vida, expor-se, correr riscos. Pensem nos riscos que alguns correm nas montanhas, no mar, nas corridas automobilísticas. Pensem nos riscos que vocês são levados a correr devido à loucura de suas mentes, uma paixão amorosa que compromete todo o equilíbrio da sua existência, incluindo a felicidade dos que os cercam e, quem sabe, sua situação financeira. Pensem nos riscos que vocês correm mecanicamente quando são simplesmente levados por uma seqüência de ações e de reações cujas conseqüências são incapazes de assumir, gemendo e pedindo socorro, quando são vocês mesmos que atraem o seu destino, são vocês que se põem nessa situação. E como têm medo, vocês esperam que a espiritualidade os ajudará a fugir da existência graças a belas justificativas. Corram com plena consciência os riscos que tantas vezes correm inconscientemente.

Ouso. Serei criticado? Serei criticado. Talvez sofra, talvez as coisas não se passem como eu quero. Tudo é perigoso. Não se pode viver plenamente sem correr nenhum risco. Não se pode viver a sabedoria recusando-se a viver. Apaixonar-se é perigoso. "Oh, mas o sábio..." De acordo, não imaginamos o sábio apaixonado no sentido comum da palavra; mas, quando se tem vinte anos, não se pode interpretar o papel do sábio. Nem se poderá fazê-lo aos quarenta. E foi bem isso o que Swâmiji me mostrou, com força e intensidade, numa certa etapa da minha jornada.

Não é possível viver sem correr o risco do sofrimento, até que se tenha descoberto o segredo que nos situa além dele, quaisquer que sejam as circunstâncias da nossa existência, segredo que tento partilhar com vocês e que constitui o fundamento de todas as páginas dos livros publicados com o meu nome. De qualquer maneira, sofreremos. Então, por que não aceitar deliberadamente, de uma vez por todas: "Sofrerei e receberei isso como um enriquecimento, como uma plenitude de vida. Viverei isso como um retorno à minha verdade, farei disso um caminho de purificação, vou tomá-lo como um ponto de apoio para transcender o sofrimento." Sofrerei sentindo: "Seja feita a vontade de Deus" ou "Hoje é a vontade de Deus que eu sofra, porque isso corresponde à minha realidade e nisso reside a minha esperança de alcançar um dia o que está além de tudo". A partir daí, posso viver sem medo: "*The way is not for the coward, Arnaud*", "O caminho não é para o covarde, Arnaud". E a minha covardia era esse medo de viver que eu trazia em mim, essa pobreza que Swâmiji me mostrou em plena luz, e cuja origem estava na infância e na educação, e que eu justificava então pela mentira, em nome de verdades espirituais justas que, não obstante, minha mente tinha incorporado para melhor trapacear.

Uma vez que essa verdade fosse reconhecida por nós, Swâmiji fazia intervir uma outra noção, a de *dignidade*. Estando reunificado comigo mesmo, tendo escolhido a verdade integral e estando pronto para viver e para receber golpes a fim de atingir a minha liberdade, vejo-me diante de uma exigência de dignidade. O que está em consonância com a minha dignidade, o que está abaixo da minha dignidade?

E se vocês tiverem a coragem de não reprimir mais, de não mentir mais para si mesmos, se na meditação procurarem buscar a potência da vida e não apenas o silêncio do nirvana, a palavra dignidade assumirá com muita rapidez um sentido. Com essa palavra tão preciosa, toda a moral se acha restituída a um outro nível: "*It is below my dignity*", "Não posso rebaixar-me a isso". Mas essa certeza vem de mim; já não é a voz dos pais que fala em mim. Não é a voz da teologia, nem de uma moral imposta. É a da certeza advinda de nós mesmos, e que é pura e justa, tendo por função nos orientar. "*It is below my dignity*", não posso rebaixar-me a me conduzir assim hoje. Dito isso, o que estará abaixo de sua dignidade daqui a alguns anos pode não estar hoje. "*Be faithful to yourself, as you are situated here and now*", "Seja fiel a si mesmo na sua situação aqui e agora" — com a esperança de que, dentro de alguns anos, você não será o mesmo ou a mesma que é hoje. E o que lhe é impossível hoje, mas que é uma aspiração sua, amanhã lhe será possível: o desapego, um estado de ser diferente.

Mas a essa liberdade nova vocês só poderão ter acesso se não houver em seu ser um elemento de negação, o medo dessa maravilhosa potência de vida que os anima.

Para que vocês se convençam bem de que não os chamo para desencadear forças incontroláveis e impulsos irresistíveis, a violar a moral e os tabus, algo que os assustaria imediatamente, partilho com vocês esta palavra que Swâmiji me deu como um tesouro, *dignity*, a dignidade: "*You yourself in your own intrinsic dignity*", "Você mesmo, na sua própria dignidade intrínseca". Eis o apelo permanente que Swâmiji Prajnanpad fez ressoar em mim. Isto é digno de mim? Não se trata mais de uma voz vinda de fora, mas de uma convicção que sobe das profundezas. Vocês verão, se não mentirem mais para si mesmos e reencontrarem a plenitude da sua força de vida, o quanto a palavra dignidade os sustentará. Eis a minha verdade de hoje: já não trapaceio. Eu ajo. Eu me aceito tal como sou, não brinco mais de ser um falso Ramana Maharshi ou uma caricatura de Mâ Anandamayi, o que é sempre o perigo quando somos verdadeiramente atraídos pela vida espiritual sem que estejamos estabelecidos por completo na verdade. Não tenho mais medo de mim. Liberto-me desse medo de mim. Ouso querer. Ouso sentir a minha força, ouso sentir as pulsões se agitarem. Dignidade: o que faço? Como vou agir, o que é justo para mim hoje, o que me pode fazer progredir?

Vocês têm tudo isto para reconciliar: o manifesto e o não-manifesto, o estático e o dinâmico, o masculino e o feminino, o ativo e o passivo. Evidentemente, estas são apenas palavras, fieiras de palavras; mas a verdade é vivida no interior de nós como uma experiência, como uma realidade.

Mas se insisto hoje com vocês nesta mensagem — não permaneçam afetivamente mutilados, sem profundidade, e não vivam na inverdade, *un-*

truth —, acrescento de imediato a palavra dignidade. Caso contrário, vocês irão a qualquer lugar e acreditarão ser livres porque rejeitam a moral da sua infância e têm piedade do próximo. Quando vocês descobrem em si a potência da energia ou da vida ainda não contraditória, o mundo dos opostos assume um novo sentido. Vocês verão imediatamente uma realidade mais profunda do que esse jogo de opostos, começarão a entrever, por detrás da aparência, a essência; por debaixo da superfície, a profundidade. Passarão a ver, como diz o Gênesis, que esta Criação, que parece tão cruel, é boa.

* * *

É esta criação, tal como ela é, que nos conduz ao bem último. Quando puderem descobrir em si mesmos um estado de ser sem conflito, vocês saberão que a realidade última está aquém das polaridades, por tê-la vivenciado sem que, para isso, tivesse sido necessário negar em vocês mesmos o que quer que fosse. Por trás de todas as contradições dilacerantes deste mundo, de todos os sofrimentos, revela-se um sentido que lhes escapava até então, um positivo absoluto, a eternidade, imortalidade, uma realidade toda luminosa. Mas vocês não podem tentar descobri-la sem percorrer o caminho da verdade, isto é, partir das formas mais densas da energia para chegar às formas cada vez mais sutis e, por fim, à própria fonte da energia, o indizível silêncio das profundezas. Ah, como aqueles que acreditam temer a morte têm na verdade medo da vida e de si mesmos! Quão pouco vocês acreditam em si mesmos, quão desconfiados a existência os deixou, chegando às vezes a sentirem até mesmo ódio de si mesmos! Que erro! Ousem viver. Comecem de modo simples e ousem ao menos respirar. Ousem se abrir. Ousem sentir. E quanto mais tiverem medo da riqueza, da plenitude, da potência da vida, tanto mais serão escravos da cabeça e dos pensamentos. A mente é, em essência, o fruto desse medo de viver. Vocês se refugiam num mundo de idéias porque, nesse mundo subjetivo, fazem o que querem. Os pensamentos correspondem às nossas tendências repetitivas que podemos repisar indefinidamente. Quanto mais se vive, menos se pensa; quanto mais se pensa, menos se vive. E aqueles que se vêem assediados pelas fantasias da mente, amputados do real, também podem compreender esta mensagem: o importante não é pensar; o importante é sentir.

Por que a palavra sentir é tão suspeita aos olhos dos que se dizem conhecedores da espiritualidade ou dos que são legitimamente atraídos pelas formas mais elevadas dessa espiritualidade? Ter medo de sentir é, de fato, considerar que a criação é má, e sobretudo que não é preciso jogar o jogo da natureza. Mas não se pode descobrir o segredo último se não se participar do jogo cósmico mantido e animado pelo próprio Deus.

Então, digo-lhes outra vez: quanto mais vocês pensam, menos sentem; quanto mais sentem, menos pensam. E uma das primeiras ajudas que lhes podem ser dadas para viver é começar por ousar sentir, sem medo, mesmo no nível sensual, sensorial, puro e simples, sensualidade, sensorialidade, de que somos cada vez mais afastados pela onipotência do intelecto. E é, antes de mais nada, assumir, para harmonizá-los, os dois pólos da realidade que há em nós, os valores femininos e os valores masculinos, o *yin* e o *yang*, os valores de ação e os valores de contemplação.

Quanto menos ousamos viver, quanto menos ousamos sentir, tanto mais nos refugiamos no aspecto masculino da existência, sejamos homens ou mulheres, tanto mais tentamos agir, fazer qualquer coisa, sempre fazer qualquer coisa, o que é o contrário da meditação, o contrário da contemplação — a neurose da atividade incessante. "O que se pode fazer?" A ponto de, mesmo estando no Caminho, o mestre precisar esforçar-se para encontrar exercícios sempre novos para propor a vocês! Quanto mais privilegiam o aspecto masculino em detrimento do aspecto feminino, tanto mais vocês se afastam do sentir e tanto mais se condenam a pensar. Mas os valores masculinos da atividade têm algo de tranqüilizador, ainda que o seja neuroticamente.

Os valores femininos, por outro lado, ditos valores de receptividade (*ouverture*), têm uma dimensão um pouco assustadora. A que vou me tornar receptivo? Os valores de receptividade e de acolhida parecem perigosos! E se me abro àquilo que se exprime em mim mesmo, o perigo também está presente. É fácil ler *Pour une vie réussie,* de Arnaud Desjardins, com os capítulos dedicados ao masculino e ao feminino que há em nós, ou ler o que Dürckheim pode dizer sobre a "consciência-flecha" e a "consciência-taça". O mundo moderno privilegiou de modo desastroso os valores masculinos em detrimento dos femininos, a razão em detrimento da sensibilidade, a cabeça em todos os domínios, a ação em detrimento da contemplação. O feminismo não marca a volta ao respeito pelos valores femininos, mas a possibilidade de as mulheres serem mais masculinas do que os próprios homens. Isso tem por conseqüência a recusa, por todos, dos valores femininos, que são, não obstante, valiosos tanto para os homens como para as mulheres.

Viver é dar lugar, o mais rápido possível, e da maneira mais completa possível, a esses valores femininos, bem como se perguntar que sentido damos à palavra receptividade. Não há expansão do coração sem que se abra o coração, e se "o islamismo é a expansão do peito", não há expansão do peito sem receptividade. E tornar-se receptivo é fazê-lo sem trapacear. Não se podem fechar todas as portas, exteriores e interiores, e se abrir à graça de Deus. Esta pode chegar a vocês mediante as provas mais cruéis, a traição daqueles em quem vocês confiaram, a rejeição, tudo o que outrora nos teria parecido terrível. Tudo é Graça. Abram-se sempre; é sempre Deus que bate à porta. Tornar-se receptivo é fazê-lo de todo o coração. Desenvolver os valores femininos de acolhida e de receptividade é fazê-lo de todas as maneiras. Isso consiste em deixar de se proteger. Se me batem numa face, ofereço a outra, como disse Cristo. E é abrir-se à força de vida que há em nós, deixando de procurar alguma acrobacia para melhor fugir, na meditação, dos medos que trazemos no nosso próprio ser.

Uma parte da sua jornada pode ser feita por meio das formas felizes da psicoterapia. O *lying* representa a abertura à força vital em forma conflituosa: as maiores alegrias, mas que não duraram, isso me faz soluçar, e ouso enfrentar e reviver isso hoje para me libertar dos grandes sofrimentos que me crucificaram, que me paralisaram. E a meditação é abertura ao impulso vital não-dual, não conflituoso. É descobrir simplesmente: eu vivo! Sou vivo, animado pela energia infinita que não é a minha vida, mas a Vida. Tudo está aí. Transcendo a minha vida, na qual inevitavelmente sufoco, sejam quais forem os meus êxitos, e descubro que sou uma expressão ou uma forma *da* Vida universal, da energia divina, aquela que anima os pássaros que ouvimos cantar, as folhas que palpitam ao vento, os pequenos brotos verdes da primavera, a vida que anima cada átomo e que assume em nós a sua forma mais evoluída, *prajna*: consciência, sabedoria, compreensão.

O *lying* de Swâmiji Prajnanpad é a abertura à força da vida na sua forma conflituosa para que não mais se tenha medo dessa forma contraditória. Ousei encarar o sofrimento de frente no *lying*, e agora posso enfrentá-lo na existência sem medo nem recusa. E, pouco a pouco, vocês se libertam do sofrimento.

E a meditação não é apenas buscar o vazio e o silêncio do Não-manifesto. É procurar a não-dualidade, o não-conflito no sentimento de existir. A partir disso, tornamo-nos seres humanos íntegros e podemos crescer, expandir-nos, desdobrar-nos. Podemos sentir essa força vital elevar-se em nós na sua plenitude. Desarraiguem esse velho medo inconsciente de si mesmos, esse velho medo de crianças: "De que tolice não serei capaz se deixar de me reprimir! Quanto mais restritamente eu viver, menor será o risco de ser punido." E se o ensinamento ou o guru têm de seguir a sucessão desses interditos — a "morte do ego", a "mortificação", a "renúncia", o "sacrifício" —, a espiritualidade não passa de mentira, e vocês não chegarão a lugar nenhum.

Vocês não podem amar se não amam a si mesmos. E não podem amar a si mesmos se tiverem medo de si mesmos. Vocês não podem evitar o medo de si mesmos se fugirem de si mesmos. E se o fazem, vocês se esgotam para permanecer na superfície de si mesmos e na superfície da existência. Como vocês querem atingir as profundezas?

Deixem de ter medo. A força vital que há em nós, em vocês, em todos, é puramente tranqüilizadora se a descobrimos na *sua fonte.* Se reencontrarem a vida, se ousarem viver, se ousarem abrir-se, verão como aquilo que, hoje, domina a sua existência — os medos, os sofrimentos, os dramas, os apegos, as emoções, os pensamentos que os assediam —, verão como essa prisão folgará seus grilhões.

Escolham a vida.

UMA ESTRUTURA INTERIOR

Para viver plenamente, é preciso ser. É claro que, pelo simples fato de empregar os pronomes pessoais "eu" ou "mim", testemunhamos que existimos. Porém, por mais incongruente ou revoltante que isso pareça ao nosso "ego", as doutrinas esotéricas afirmam que o homem *não é* — não é enquanto sujeito unificado, senhor de suas reações, capaz de agir conscientemente. Sabendo pela experiência que não podem contar consigo, vocês temem a vida por temer a si mesmos — mais ou menos, porque, no domínio do relativo, tudo é sempre mais ou menos. Cabe a vocês fazer nascer e fazer com que se afirme esse ser unificado e estável. Então, livre, deliberada e lucidamente, vocês poderão fazer, receber e dar. Vocês poderão se dar.

Para se dar, é preciso pertencer a si mesmo.

Aquilo que recebem aqui, a ajuda que podem esperar de mim é o resultado de uma formação que recorreu a diferentes fontes: comecei pelos grupos de Gurdjieff, nos quais fiquei de 1950 a 1964, e, cada vez que tenho ocasião de reler uma passagem dos *Fragments d'un enseignement inconnu,** descubro que esse livro é ainda mais notável do que pressenti na juventude e vejo quantas aproximações são possíveis entre o ensinamento de Swâmi Prajnanpad e o de Gurdjieff. Vocês sabem que também tive numerosos contatos com mestres de tradições bem diversas, como os rimpoches tibetanos, quando ainda era possível ter com eles um contato bem íntimo (1964-1967): Karmapa, Khentse Rimpoche, Kangyur Rimpo-

* *Fragmentos de um Ensinamento Desconhecido — Em Busca do Milagroso*, de P.D. Ouspensky, publicado pela Ed. Pensamento, São Paulo, 1986.

che, Lopon Sonam Zangpo e tantos outros que pude interrogar numa época em que os ocidentais pouco se aproximavam deles e em que me beneficiei de um intérprete de primeira ordem. E vejo bem que aquilo que hoje estabelece a minha convicção representa uma síntese dessas diferentes fontes com que tive contato. Enfim, intercâmbios com uns e outros, tanto no Bost como em Font d'Isière, me permitiram verificar a validade desses ensinamentos não apenas no que se refere à força do "mental", mas também no que se refere à possibilidade de escapar desse mental.

Essa formação, ou essa possibilidade de transmitir, que recebi pode ser considerada sob três aspectos que, para mim, formam um todo, mas que, para vocês, podem se afigurar diferentes. O primeiro é um aspecto psicológico. Não há dúvida de que Swâmiji era um psicólogo no sentido que damos a esta palavra. O estudo do *manas*, o mental, e do *chitta*, o psiquismo, permite aproximações com a psicologia.

O segundo aspecto é muito simples — e, no entanto, de importância capital —, podendo ser denominado religioso ou místico: desembaraçar o coração das emoções grosseiras que o obstruem. Numa época em que me apaixonei pelo esoterismo, fui obrigado a me inclinar diante do fato de que um frade converso da Abadia de Bellefontaine, que possuía seus diplomas, irradiava uma paz, uma serenidade e uma luz no olhar que faltavam a muitos daqueles que se diziam conhecedores do vedanta e da "ioga do conhecimento".

E há um terceiro aspecto, esotérico, que, por sua vez, reúne certos conhecimentos não habituais normalmente transmitidos de mestre a discípulo, e com freqüência no âmbito de um certo segredo. Vejo com clareza que todos esses aspectos tiveram na minha existência um papel importante. Porém, o que eu gostaria de lhes dizer hoje decorre mais do que se poderia considerar o aspecto esotérico do Caminho, aproximando-se do ensinamento de Gurdjieff. Confirmo o livro *Fragmentos de um Ensinamento Desconhecido*, partilhando com vocês os frutos de uma síntese que tive ocasião de testar e de verificar ano após ano. Vou, portanto, exprimir certezas pessoais que, num certo sentido, não são o ensinamento de Gurdjieff nem o de Swâmiji.

Há vários anos, depois de ter praticado bastante a ioga, tentei aproximar-me dos iogues que seguem a grande tradição, inteiramente consagrados à espiritualidade e à sabedoria, e que apoiavam seu caminhar nos Sutras da Ioga de Patanjali ou na *Hatha yoga pradipika*. Um dia — isso aconteceu em 1963 —, tive a oportunidade de encontrar um, e ele me disse algo que me causou uma comoção maior do que eu já tivera em doze anos de atividade nos grupos de Gurdjieff e em quase um ano ao lado de Mâ Anandamayi: "*What you need is to build an inner structure*", "O que você precisa é construir uma estrutura interior". Quando se pratica um caminho de ascese durante doze anos, trata-se de algo um pouco difícil de entender.

Jamais revi esse iogue, mas essa frase permaneceu comigo por muito tempo, porque eu sentia a necessidade imperiosa de fazer a ligação entre duas abordagens que naquela época me pareciam de difícil conciliação: de um lado, a de Gurdjieff ou a daquele iogue, que implicava "construir uma estrutura interior" e supunha uma série de esforços situados no tempo a fim de criar aquilo que não existe hoje, e, do outro, a abordagem do vedanta clássico, que insiste incansável e quase que exclusivamente numa idéia totalmente diversa, a de que já somos a sabedoria, que basta despertarmos, o que Ramana Maharshi resumia ao afirmar "vocês já estão libertos; seu único erro é crer que não estão".

Um ano mais tarde (1964), quando dos meus primeiros encontros com os mestres tibetanos em Darjeeling, Kalou Rimpoche também me disse: "*You are peace, you are truth*", "Você é a paz, você é a verdade". Cinco meses depois, Swâmiji me repetia, palavra por palavra, "*You are truth*", golpeando-me o peito. Eu acabara de lhe dizer: "Sei bem que a paz está no mais profundo de mim, que a verdade está no mais profundo de mim..." Ele de imediato retificou: "Não, você *é* a paz, você *é* a verdade, você *é* a sabedoria." Para o vedanta, o que procuramos já está presente, assim como já estamos nus sob as vestes, bastando tirá-las para descobrir essa nudez. O que tem começo no tempo tem inevitavelmente um fim; o que foi criado pode ser destruído por uma causa adversa; o que é composto será decomposto: só a Realidade última, absolutamente simples, a pura Consciência, o Brahman, merece seus esforços. O que tem começo no tempo não poderia nos interessar, porque permaneceríamos no interior da causalidade (as causas produzem efeitos), no plano do esforço, ainda que se trate de um plano mais sutil da manifestação. Swâmiji propunha: "*To be free from all matter both gross and fine*", "Ser livre de toda matéria — ou, se preferirem, de toda materialidade —, tanto a espessa como a sutil".

Como conciliar essa abordagem vedanta (buscar o que o Buda chamava de não-nascido, não-feito, não-tornado, não-composto) com a necessidade de construir uma estrutura interior? Devo dizer que, ao longo de anos, parecia-me haver aí uma incompatibilidade que eu não podia ultrapassar, visto não poder abandonar nenhum dos dois termos dessa contradição. Eu bem sentia que a necessidade de construir uma estrutura interior era real. É esse o tema que eu quero desenvolver hoje. Vocês percebem o quanto ele é importante.

* * *

Para isso, é preciso admitir uma ou duas idéias esotéricas e, de início, a de que não há diferença real entre a matéria e a energia. É o que afirmam os cientistas modernos, mas eu não sou um deles. Quando se aborda uma materialidade que os hinduístas qualificam de refinada ou sutil, podemos senti-la como matéria e como energia, entendendo-se que não se trata da matéria comum que apreendemos com os cinco sentidos. Uma imagem pode ilustrar esse tema: as ondas de rádio e de televisão que atravessam este aposento neste momento possuem uma certa materialidade, porque são mensuráveis, mas "sutis" ou "refinadas". O prana, a energia que acumulamos quando respiramos conscientemente, também pode ser vivenciado como matéria ou como energia. A Índia ensina igualmente *sarvam annam*, tudo é alimento, mas também distingue dois tipos de alimento: um para o corpo denso, estudado pela anatomia e pela fisiologia, e um para o corpo sutil.

Essa idéia de corpo sutil merece um pouco de atenção. Por que se utiliza a mesma palavra, *corpo (sharir)*, para designar o corpo denso — aquele que irá se decompor, devorado pelos vermes ou queimado na pira funerária —, o corpo sutil e o corpo causal? A propósito de três realidades diferentes, a Índia utiliza a palavra *sharir*, sempre traduzida por corpo ou *body*, em inglês. Isto de que falo não é parte da erudição hinduísta, mas me parece bem necessário para o caminhar de vocês, seja qual for a maneira pela qual vocês concebem no momento sua "libertação".

Nas condições corriqueiras da existência, a experiência nos mostra que não temos o domínio do nosso funcionamento. Trata-se do estado de coisas que a tradição qualifica de cegueira, de ilusão ou de ignorância. Vivemos adormecidos, regidos por leis implacáveis que a psicologia estuda e cujo preço pagamos cotidianamente quando ficamos tristes ou deprimidos, quando perdemos a serenidade alcançada um momento antes sem compreender por que ficamos tão ansiosos. Embora a mecanicidade do homem seja opressiva, ele não a vê, iludindo-se quanto à sua liberdade. Lembrem-se do que já observaram em si mesmos ou nos outros: não só os eventos têm poder sobre vocês, como também a mente, que os leva em qualquer direção, reina sobre a sua existência. De um só golpe, sempre sem saber por quê, eis que vocês estão deslocados com relação ao real, sem ver a verdade tal como ela é, mal acomodados em seu próprio corpo, agressivos — claro que sem querer isso deliberadamente. Em vez de reconhecer a mente ou a emoção pelo que são, vocês se identificam com esses fenômenos interiores que os manobram sem que vocês nada possam fazer. Gurdjieff qualificava de "homem-máquina" o ser humano sujeito a essa escravidão, e Swâmiji ensinava que o homem é uma marionete cujos fios a existência manipula mediante as mudanças de estado de espírito que lhe impõe. A existência dá ordens a vocês por meio daquilo que reage no seu ser na forma de diversas emoções e de pensamentos compulsórios.

A isso se aplicam as palavras: vocês não vivem no mundo, mas no seu mundo; não vêem a situação tal como é, vêem aquela que a sua mente projeta. Ninguém vê Jacqueline, cada um vê a *sua* Jacqueline. A existência aperta os botões e aciona as engrenagens da máquina que somos. Quem pode, a seu bel-prazer, deixar de ser ansioso se está ansioso, deixar de ser humilhado se está humilhado, morto se está morto? Vocês precisam estudar o próprio jogo desse mecanismo em virtude do qual são obrigados a obedecer a estímulos externos. Todos vocês, num momento ou em outro, terão disso plena consciência: "Não sou senhor de mim mesmo. Em decorrência de estados de espírito com relação aos quais nada posso, sou escravo." Se pudessem escolher, vocês escolheriam, naturalmente, a abertura do coração, a serenidade, a confiança, os sentimentos mais felizes, mais divinos, e não as emoções negativas em que estão mergulhados.

Que poder têm vocês no começo do "Caminho"? Nenhum. "*It is the status of a slave*", dizia Swâmiji, "É a condição do escravo". A psicologia contemporânea estuda a mecanicidade dos diferentes funcionamentos do ser humano nos níveis físico, fisiológico e mental — níveis que correspondem à distinção hinduísta dos *koshas* — e reúne no vocábulo psicossomático a estreita interdependência que existe entre o psiquismo e o corpo, aquilo que Swâmiji qualificava de "*body-mind complex*". Essa interdependência entre o psiquismo e o corpo, por meio do sistema nervoso, do cérebro, das glândulas endócrinas, impõe a vocês um conjunto de reações: sejam felizes, sejam infelizes, lancem-se nessa direção inoportuna, reduzam a cinzas o que adoraram, destruam com uma das mãos o que construíram com a outra, ajam contra os seus próprios interesses. Cadeias de causas e efeitos inabaláveis estão em ação.

Nessas condições, como afirmava Gurdjieff, não temos o direito de dizer "eu". Não "eu" quero, "eu" decido, mas em mim "isto" quer, "isto" decide e depois "isto" quer o contrário, "isto" não respeita a decisão tomada. A experiência o prova se nos observarmos, e se observarmos os outros ao nosso redor. Gurdjieff chamava isso de "o horror da situação". Swâmiji dizia: "*Life, what a tragedy!*", "A vida, que tragédia!" ou "*Mind, what a tragedy!*", "A mente, que tragédia!"

Essa complexa organização que somos, a um só tempo física, emocional e mental, não é autônoma. O homem, tal como o estudam a fisiologia, a endocrinologia, a neurologia, a psicologia e a sociologia, é forçado a obedecer a ordens alheias à sua consciência lúcida. E a edificação de uma estrutura interior é a construção, em nós, de uma realidade sutil, de um corpo no sentido que os hinduístas dão a essa palavra, corpo que não obedece mais a essas ordens. Erigir uma estrutura já é edificar pouco a pouco um organismo interior independente dos eventos e das perturbações que eles suscitam em nós. Swâmiji me disse num dia de 1966: "*You are an amorphous crowd*", "Você é uma multidão amorfa". Amorfo em química tem um sentido particular, que é o oposto de "cristalizado". "Você é uma multidão, uma multiplicidade privada de forma, privada de estrutura." É por isso que Swâmiji, embora tenha sempre insistido na afirmação vedanta: "Você já é a paz, a sabedoria, a serenidade, o amor", também insistia na necessidade de não mais ser essa multidão amorfa, mas, pelo contrário, um todo orgânico, coerente e estável. Enquanto essa estrutura não for forjada, vocês obedecerão, quaisquer que forem os seus esforços, às ordens do seu destino. Esses esforços os levarão precisamente a criar essa estrutura que lhes falta; no entanto, não se iludam: o organismo ordinário, físico-mental, psicossomático, em sua totalidade, é escravo. O processo, senão o método, que leva à liberdade é idêntico para todos, quer se trate de um monge zen ou trapista, de um asceta ou de um iogue. Funcionar num outro nível, livre das emoções, das identificações, dos arrebatamentos e das mudanças de estado de espírito implica sempre a criação progressiva de um "corpo" autônomo.

* * *

Tentemos fazer a síntese de tudo o que foi dito. Desde o início, há em nós a possibilidade da consciência, da plenitude, do amor que buscamos. Mas raramente entramos em contato com essa Realidade profunda e, ainda que atinjamos momentaneamente um nível de ser bem mais sutil, que se caracteriza sobretudo pela total ausência do medo, não permanecemos nesse nível: eis a dolorosa experiência de todos os que freqüentam os sábios, que têm a impressão de viver durante a sua estada no *ashram* em estado de graça e, seis meses depois, de volta a si mesmos, se vêem inquietos, angustiados ou até com idéias de suicídio: "Como pude ter a impressão de subir tão alto e de cair tão baixo?"

Se vocês lerem, o que lhes recomendo, *Fragmentos de um Ensinamento Desconhecido*, verão que Gurdjieff afirma a existência de vários centros no homem: por um lado, o centro emocional, o centro intelectual, o centro instintivo e motor, o centro sexual, que todos vivenciam; e, por outro lado, dois centros de uma outra ordem, o "centro emocional superior" e o "centro intelectual superior". Estes dois últimos centros se situam muito além do que denominamos emoção e intelecto. Já se encontram inteiramente formados e funcionam de maneira perfeita, mas o homem só em ocasiões muito excepcionais entra em contato com eles e, se o consegue, não pode permanecer mantendo esse contato porque está preso no nível dos centros comuns, que trabalham de uma maneira muito mais grosseira. Essa teoria dos centros ordinários e dos centros superiores é bem interessante, visto que explica por que o ser humano, que só conhece os centros comuns, não pode comunicar-se com a Realidade que, contudo, já existe nele. Se, na relação de velocidades de uma caixa de engrenagens, uma roda girar com extrema rapidez e outra com grande lentidão, não se conseguirá engrená-las. Do mesmo modo, o centro emocional e o centro intelectual superiores irradiam num nível de sutileza que não permite que as emoções e os pensamentos comuns estabeleçam com eles uma ligação.

Um importante trabalho de purificação, de aprimoramento das funções grosseiras se faz necessário para nos permitir manter o contato com esses centros superiores.

Aquilo que Gurdjieff chama de centro emocional superior é o que Swâmiji denominava — dando a essa palavra um sentido muito elevado — *love*, amor. Porém, ao contrário do centro emocional comum, que ora ama, ora não ama, ora está alegre, ora está triste, ora aceita, ora recusa, o centro emocional superior não tem uma metade negativa. Que o centro intelectual ordinário diga ora sim, ora não, ou que o centro instintivo também o faça, é normal: se como alguma coisa envenenada, meu estômago por si mesmo a vomita; se ponho a mão numa chapa quente, o centro motor diz não e, sem refletir, retiro a mão; se alguém me propõe um material que não me convém, minha inteligência o recusa depois de tê-lo examinado. Em oposição a isso, o centro emocional superior e o centro intelectual superior, diz Gurdjieff, não têm uma metade negativa: há apenas o SIM, a visão pura e total da realidade (*isness*, *suchness*, *thatness*). É fácil fazer uma aproximação com o ensinamento de Swâmiji: "ser UM com" é o Caminho que leva ao centro emocional superior. O centro intelectual, até mesmo o de um sábio, diz ora sim, ora não, seu centro motor diz ora sim, ora não; por que um sábio deixaria sua mão assar numa chapa aquecida ao vermelho? Mas o coração se mostra sempre um com aquilo que é, sempre no SIM, sempre no amor, sempre na não-dualidade.

Reencontramos aqui a necessidade de uma estrutura interior. Temos de pôr à disposição desse centro emocional superior já perfeito, ou dessa realidade que já somos, um instrumento adequado dotado desse nível de qualidade, independentemente das condições e das circunstâncias, livre do jogo implacável das reações fisiológicas, emocionais e mentais. E é precisamente o corpo sutil — *sukshma sharir* em sânscrito, correspondente a certos *koshas* (*manomayakosha* e *vijnanamayakosha*), isto é, ao conjunto do nosso funcionamento psíquico — que pode ser pouco a pouco estruturado, até um dia se cristalizar. No homem comum, ele é feito só de reações, e os hinduístas, em lugar de amorfo ou de informe, utilizam por vezes um termo que se pode traduzir por molho ou feixe, um conjunto.

Ora, tal como existe uma cultura física que permite tornar musculoso o corpo físico e fortalecê-lo, há também a possibilidade de elaborar essa estrutura interior por meio da *sadhana* propriamente dita, que sempre supõe uma série de esforços conscientes. Vocês podem, pois, estruturar o corpo sutil até conseguirem criar em si mesmos um organismo autônomo que funciona por si mesmo e que já não obedece às injunções exteriores. E a igualdade da alma, a equanimidade ou a estabilidade interior, que lhes parecia inacessível durante tanto tempo, torna-se não só possível como fácil. Enquanto esse corpo sutil não se cristalizar, não assumir a sua forma autônoma, não-dependente, imensos esforços e uma vigilância muito grande lhes serão, pelo contrário, necessários para que vocês não sejam conduzidos pelos seus mecanismos. Essa passagem de uma multidão amorfa para uma estrutura interior cristalizada só pode ser o fruto da ascese.

Intervém aqui o domínio da materialidade fina, uma matéria sutil que pode ser considerada igualmente como energia e como matéria. Essa matéria fina pode impregnar completamente todas as células do corpo físico, enquanto que a materialidade sutil das ondas de televisão atravessa o nosso corpo sem ser assimilada.

No momento em que recebemos informações, nós as elaboramos e respondemos a elas. Receber corresponde aos valores femininos; intervir no mundo advém dos valores masculinos. Para que ocorram esses dois funcionamentos, é preciso energia. Admitimos com facilidade que é preciso energia para trabalhar a terra ou para gritar quando se está encolerizado. Mas também há necessidade de energia para sentir. Se carecemos de energia, não podemos receber impressões. Lembrem-se deste ponto porque é muito importante. Estamos desde o início de acordo em reconhecer que é preciso energia para cantar, para refletir, para zangar-se ou mesmo para ruminar e para se desesperar; porém, costumamos nos esquecer de que também precisamos de energia para perceber, para receber, para saborear.

Cada centro precisa de uma energia específica para funcionar, seja ele o centro intelectual, o centro emocional, o centro motor ou o centro sexual; e, se nos falta uma forma de energia, perdemos a capacidade de ter certas sensações. Por exemplo, uma paisagem que vocês sempre acharam bela pode deixá-los em completa indiferença, não mais tocando-os; no entanto, oito horas depois, vocês revêem essa mesma paisagem e voltam a maravilhar-se com a sua beleza. Vocês põem para tocar um disco de que gostam e não sentem coisa alguma, simplesmente porque falta a vocês a energia particular correspondente a essa percepção. Oito horas mais tarde, vocês percebem que são novamente capazes de apreciá-lo. O mesmo fenômeno se produz no plano da energia sexual: se momentaneamente vocês não a têm — falo dos homens —, a mais linda mulher do mundo pode dançar nua na sua frente e vocês ficarão tão indiferentes quanto ficariam diante dos contornos de um automóvel. Três dias mais tarde, com a volta da energia, se uma bela moça dançar nua diante de vocês, vocês terão de imediato uma impressão muito forte que desencadeia de modo geral o processo do desejo, podendo as emoções eventualmente tomar essa mulher específica como objeto. Uma certa energia é indispensável para receber o alimento das impressões, sejam elas quais forem.

* * *

"*Sarvam annam*", "tudo é alimento": eis uma das expressões mais importantes dos Upanixades. Nem todos os caminhos hinduístas empregam da mesma maneira essa fórmula. Para um tântrico — e peço a vocês que não entendam o tantra apenas como o erotismo místico e tudo o que se pode falar sobre isso —, tudo é alimento: se alguém me insulta, isso é um alimento, desde que eu saiba digeri-lo e assimilá-lo (aquilo que os hinduístas e os tibetanos chamam de digerir os venenos). Normalmente, fazer-se insultar não representa um alimento muito bom. É mais fácil transformar em sabedoria a visão de Mâ Anandamayi do que as ofensas. Mas tudo é alimento. Se souberem como proceder, vocês poderão se alimentar de tudo, mesmo dos insultos daquele que vomita em você seu ódio e sua agressividade.

Ora, em todo caminho espiritual é indispensável que uma parte desses alimentos que usamos para perceber e para reagir às percepções seja conservada a fim de se depositar pouco a pouco em nós até que haja saturação e, depois, cristalização. É necessário que uma parcela dessa energia — que é a um só tempo energia e matéria — fornecida pelos diferentes alimentos não seja consumida, mas poupada, a fim de, mais tarde, ser refinada — assim como se refina o petróleo bruto para dele fazer supercarburantes. Possuímos então uma estrutura interior autônoma, e a vida já não pode mais nos dar ordens: sofra, encolerize-se, tenha medo, deteste — ao passo que o organismo físico-mental ordinário sempre obedecerá a essas injunções. Esse processo de cristalização que descrevo não é exclusivo do Oriente. O monge trapista também o vivencia, ainda que não se exprima com os mesmos termos.

Para que essa cristalização possa ocorrer, a substância que extraímos de três fontes de alimentação — o *prana* contido no ar inspirado, a comida ingerida e as impressões que nos sobrevêm — não deve ser empregada unicamente para o funcionamento do organismo. E lembrem-se de que esse funcionamento comporta dois aspectos: ser sensível, perceber, apreciar nos níveis instintivo, motor, emocional, intelectual ou sexual; e ser depois capaz de reagir a isso. Àquele a quem falta energia nem mesmo os insultos tocam. Não se trata então de liberdade nem de sabedoria, mas simplesmente de uma carência que entrava a capacidade de perceber.

Que podemos fazer para que a energia fornecida pelos diferentes alimentos não seja mais consumida pela existência sob a forma de excitações, de aflições, de cóleras, dissipada por diversos interesses, tais como a vida profissional ou a vida amorosa? E como devemos agir para que uma parte dessa energia possa ser refinada e, aos poucos, cristalizada em nós, a fim de descobrirmos um dia que essa estrutura não-dependente se estabeleceu?

Poupar energia-matéria sutil e fixá-la em nós é, antes de mais nada, uma questão de consciência. Vamos nos sentindo aos poucos mais presentes, menos inconsistentes, mais vivos. É um indício. Na verdade, todos os esforços que são propostos a vocês favorecem a economia de alimentos, sua transformação em matéria sutil e sua fixação no organismo.

O que é e o que não é necessário no Caminho? Devem-se praticar os exercícios de respiração dos iogues, repetir um mantra? Os rituais têm ou não têm importância? Diz-se que podemos fazer a mesma viagem de trem, de automóvel ou de avião, que todos os caminhos levam ao destino, mas talvez muitos de vocês se vejam perturbados pela seguinte interrogação: Falta alguma coisa no caminho que estou seguindo? E há um ou dois denominadores comuns, isto é, técnicas de base, que encontrarei sem exceção em todos os caminhos?

Entrevistando monges cristãos na França, monges zen no Oriente, mestres tibetanos e sufis, sábios hinduístas, sempre encontrei dois denominadores comuns a todos os caminhos espirituais. O primeiro é o que chamamos de vigilância. Esta corresponde à absorção consciente dos diferentes alimentos no momento em que estes fazem surgir em nós desejos, temores, amor ou ódio, todas as reações habituais. O fato de ser consciente permite uma outra maneira de digerir e de assimilar esses alimentos e um refinamento da energia assim acumulada que não pode ocorrer quando estamos identificados com as nossas emoções. "Coração alerta", "consciência de si mesmo", "presença em face de si mesmo e de Deus", "lembrança de si mesmo", *dhikr* em árabe, que significa lembrança, esses termos apontam para a mesma vigilância. Todas as tradições retomam incansavelmente este motivo recorrente: "Vigiai e orai", "sede conscientes sem cessar", "fé em Deus e mãos à obra", "não vos esqueçais nunca do vosso próprio Eu", "não vos deixeis afetar pelo exterior; voltai a si mesmos". Os diálogos de Gregório, o Grande, sobre São Bento (que está na origem das ordens beneditina e cisterciense) são eloqüentes quanto a isso: "Cada vez que uma preocupação demasiado vívida nos leva para fora de nós mesmos é verdade que permanecemos nós mesmos, e, no entanto, já não estamos com nós mesmos, perdemo-nos de vista e nos dispersamos nas coisas exteriores. Em contrapartida, posso dizer que esse homem venerável (São Bento) habitava em si mesmo, uma vez que, sempre atento a velar sobre si mesmo, mantendo-se constantemente na presença do seu Criador, examinando-se a si mesmo sem cessar, ele não deixava que se distraísse com o exterior o olhar de sua alma."

O ensinamento de Buda também insiste na necessidade da atenção: "Os que são atentos já têm a vida eterna; os que não o são já estão mortos." Haveria toda uma antologia a ser elaborada sobre esse tema, recorrendo a todas as grandes tradições. Essa é a primeira diferença capital com relação à vida comum, onde só se percebe aquilo com que se está identificado, confundido, onde o sujeito é absorvido pelo objeto e nenhuma discriminação se realiza entre o "espectador" e o "espetáculo", entre a testemunha e o fenômeno (sensação, emoção, pensamento).

O segundo denominador comum, que está ligado ao primeiro — se não houver vestígios do primeiro, não haverá vestígios do segundo —, representa uma atitude radicalmente nova com relação ao mecanismo da atração e da repulsão, "amo, não amo; invejo, não invejo", ou seja, suas emoções. Quer chamem isso de submissão à vontade de Deus ou de aceitação daquilo que é, trata-se sempre de uma atitude incomum, que representa uma ruptura radical com o mundo cotidiano. É o desaparecimento das emoções pela própria compreensão do mecanismo da emoção e da adesão ao real. Vocês não encontrarão um ensinamento em que não se fale disso. Em sânscrito, por exemplo, emprega-se a palavra mácula, *klesha*.

Mas quando se vê a descrição dessas máculas (ódio, cólera, avidez, ciúmes), todas elas correspondem a emoções. Eis o segundo denominador comum.

Cada vez que recebem conscientemente uma impressão, que vivem conscientemente uma situação, vocês diminuem o consumo de energia e assimilam muito melhor a energia que recebem. Na vida ordinária, se a natureza lhes dá cem unidades de energia, vocês recebem apenas dez, sendo o restante dilapidado, como se comessem durante o tempo todo sem conseguir engordar porque o organismo não retém nem fixa as substâncias ingeridas. Receber impressões quando se está presente a si mesmo, num intenso nível de consciência, é, antes de mais nada, consumir menos energia e assimilar mais. Com relação ao desperdício de energia próprio da existência comum, vocês recuperam dessa maneira não duas, mas dez vezes mais energia. A proporção parece enorme; porém, só uma economia muito grande de energia pode permitir-lhes uma real transformação interior. Ora, cada vez que vocês realizam esse trabalho sobre as emoções e que, graças à vigilância, retornam àquilo que é, cada vez que não são mais levados pela emoção negativa nem pela emoção feliz dependentes, vocês promovem ainda mais essa alquimia interior que é a transformação de energias.

Primeiro economizamos energia e, mais tarde, a transformamos em matérias cada vez mais sutis, chegando por fim a fixar em nós estas últimas. Esse processo é difícil de comprovar, mas, mesmo assim, retomo por minha conta a afirmação de Gurdjieff, por ter sido ela confirmada pela minha experiência. Transformamos a materialidade grosseira em materialidade sutil sempre que não dissipamos nossa energia nas emoções comuns, nos pensamentos comuns e em seus mecanismos grosseiros. Tornando-se mais vigilantes e reduzindo as emoções, vocês não perdem mais aquilo que a natureza põe à sua disposição: vocês recebem mais energia, consomem menos energia e transformam o excedente ao refiná-lo. É preciso muita energia grosseira para produzir um pouco de energia refinada, assim como é preciso destilar bastante vinho para fazer um pouco de aguardente.

As mesmas leis estão em todos os níveis, grosseiro, sutil, causal, e há uma lei muito interessante: um aumento quantitativo produz uma mudança qualitativa. Se vocês aquecerem um metal até o vermelho, ele emitirá calor; se o aquecerem até o branco, ele emitirá luz. Se aumentarem quantitativamente o grau de calor de um metal, ele ficará cada vez mais quente; e se continuarem a aquecê-lo, chegará o momento em que ele passará do calor à luz. Se puderem chegar, em si mesmos, a um aumento quantitativo de energia, que conservem sem dissipar, ocorrerá uma mudança qualitativa. E essa energia-matéria, em vez de atravessá-los sem deixar vestígios, será depositada em vocês, impregnará o organismo ordinário, e um segundo organismo, denominado sutil, um dia se desenvolverá e se cristalizará. Só a criação em si mesmos desse organismo não-dependente, que tem a ver com o funcionamento integral de vocês — instintivo ou motor, emocional, intelectual e sexual —, pode dar-lhes a liberdade.

* * *

Embora a terminologia usada nos mosteiros esteja longe daquela que utilizo hoje, encontramos no caminho do monge os dois denominadores comuns da vigilância e do trabalho sobre as emoções. Em conseqüência, um monge que, incessantemente, se mantenha vigilante, que veja a vontade de Deus em todas as coisas e que tenha praticado "a purificação do coração" pela vigília e pela atenção também cristalizou esse organismo autônomo. Em todos os caminhos, o de um monge zen, tibetano ou trapista, ou o de um adepto do vedanta que pratique meditação e a discriminação entre o real e o irreal, constata-se sempre, se a ascese tiver sido bem conduzida, que a multidão amorfa se tornou uma população estruturada e hierarquizada. Neste caso, a vida já não tem poder sobre eles.

No Japão, distinguem-se nos mosteiros duas categorias de monges: os que ainda estão *under training*, "em treinamento", e os mais avançados. Um monge em treinamento ainda pode deixar o mosteiro, desentender-se com os outros monges, perder a fé ou concluir que o abade está errado. Mas aquele que ultrapassou esse estágio de treinamento é um monge em quem se pode confiar. Em princípio, os mestres não devem se enganar! Nos grandes mosteiros, quando se atribuem responsabilidades a um monge, tem-se a certeza de que já não há mais riscos quanto a ele.

Mas não se deve acreditar muito depressa que essa cristalização tenha ocorrido; ela pode ser apenas parcial, estar em andamento. Em química, quando há saturação, o processo de formação de cristais num líquido ocorre em algumas horas, e até em alguns dias. Na vida espiritual, uma vez atingido o grau de saturação, o processo de cristalização propriamente dito demora um certo tempo, podendo ainda ser interrompido e comprometido.

É recomendável não cantar vitória cedo demais. Talvez sejam necessários quinze ou vinte anos para adquirir essa estrutura interior que produz a verdadeira maestria. Mas fiquem tranqüilos; tudo o que lhes foi proposto e tudo o que já tentaram desde o primeiro dia em que começaram a praticar segue a direção desses dois denominadores comuns. Que vocês só jurem pela filosofia budista ou pela filosofia tomista é de importância secundária. O essencial continua sendo essa prática que se opera instante após instante em sua existência cotidiana tal como se apresenta a vocês.

Antigamente, eu não podia ser livre por não ter essa estrutura interior à minha disposição. Por falta de habilidade e de compreensão, continuei a ter emoções sem sequer me dar conta disso. E quando me vi diante daquele iogue que eu tanto procurara, aquilo que ele julgou mais importante para mim foi precisamente a aquisição dessa estrutura. Então, que tinha eu feito nos grupos de Gurdjieff durante doze anos para que alguém me atirasse na cara essa verdade? Foi o rigor de Swâmiji, sem evasão possível, a vigilância e o trabalho sobre as emoções que permitiram a criação dessa estrutura interior. É certo que o atman ou Natureza-de-Buda é a essência de todos nós. Mas por que aqueles que acreditaram com todo o seu ser, que se aproximaram de Ramana Maharshi e que o ouviram repetir, durante dez anos, que "só existe o Eu, vocês já estão livres, basta que despertem" tampouco se transformaram? Por que não despertam? Algumas pessoas que tiveram a oportunidade de meditar todos os dias em sua presença durante anos permaneceram sempre escravas de suas emoções, encolerizadas, ciumentas, criticando-se mutuamente, confusas a ponto de nem dirigirem a palavra umas às outras. "De mil homens, um me procura; e de mil que me procuram, um me encontra", diz o Bhagavad Gita.

Para sair do pesadelo, é preciso construir essa estrutura interior sobre a qual a mente já não tem ascendência, estrutura que é livre em todos os domínios — intelectual, emocional, sexual. E a necessidade dessa estrutura mostra o vínculo que existe entre o esforço e os resultados, permitindo compreender por que certas asceses têm sucesso, ao passo que outras fazem vocês andar em círculos. São os esforços feitos com perseverança suficiente ou vocês deixam ao correr dos dias escapar a maioria das ocasiões de progredir? Se me deixei levar, retorno à consciência do eu, à não-identificação, à discriminação entre espectador e espetáculo, à não-absorção do sujeito pelo objeto. Muitas expressões podem ser utilizadas como sinônimos de vigilância. Lutem para não permanecer atolados no plano da mente, para não se comprazer nas emoções negativas e, assim, voltar à adesão àquilo que é.

O que faz com que, algum dia, o Caminho produza frutos duradouros? A absorção consciente dos alimentos. Por meio do aumento quantitativo das energias grosseiras que se acumulam, pode ocorrer um dia uma mudança qualitativa. E cada vez que convertem uma atitude negativa numa atitude de abertura, vocês, estejam certos disso, dão um passo na direção dessa cristalização; um pouquinho dessa matéria sutil se deposita em vocês. Porém, ela não irá saturar de imediato, e, enquanto essa cristalização não tiver ocorrido, é preciso temer ainda surpresas, mesmo depois de muita prática. Qualquer pessoa pode ter progredido visivelmente e depois, num belo dia, abandonar tudo e tornar-se crítica com relação ao ensinamento que seguiu e ao seu próprio guru. O que aconteceu? Ela simplesmente não foi até o fim. Mas quando a cristalização ocorreu, não há mais nenhum risco. Não se está mais sujeito a uma recaída, não há mais possibilidade de contra-ofensiva da mente, está consumado. O objetivo de seus esforços, estejam ou não conscientes disso, é criar gradativamente essa estrutura interior. Sem ela, vocês não obterão resultados duradouros, se sentirão iludidos e ficarão desencorajados: "Tive uma recaída... pensei que já tivesse me livrado disso... voltei ao meu nível inferior... a coisa não vai como eu queria..."

O Caminho consiste em nos libertar de leis às quais nos achamos submetidos e que as ciências humanas estudam: vocês estão em vias de escapar das leis que regem o ciúme, a cólera, o fascínio amoroso, a agressividade, o jogo das compensações. Certas leis que se aplicavam a vocês deixam aos poucos de fazê-lo. Uma liberdade desperta. É preciso que essa cristalização aconteça para que todo um conjunto de leis deixe definitivamente de aplicar-se a vocês.

Ramdas contou esta história: um homem apostou que conseguiria deixá-lo furioso. Durante duas horas, ele tentou "fazer Ramdas sair do sério", de acordo com a expressão consagrada. Tendo perdido a aposta, envergonhado, ele reconheceu seu fracasso e pediu a Ramdas que o desculpasse. A mesma história se aplica a Buda com relação a alguém que o cobre de injúrias. Buda lhe pergunta: "Se você me oferecesse um presente e eu não o recebesse, o que aconteceria?" O outro, um pouco perplexo diante dessa pergunta vinda depois de tantos insultos, responde: "Eu ficaria com o presente na mão." "Então", acrescenta o Buda, "considere que eu não recebi nenhum dos seus insultos." Um notável livrinho católico, muito simples e sem pretensões esotéricas, intitulado *Confiance en la Divine Providence*, relata o mesmo gênero de história: um monge cristão do século I ou II d.C. é atacado por um grupo de pagãos que zombam dele: "Teu Deus é um falso Deus; teu Jesus Cristo nunca ressuscitou; teu Deus não poderia fazer um milagre." E o monge, por fim, observa: "Vocês não vêem que o meu Deus está prestes a realizar o milagre? Há três horas vocês procuram me irritar e não conseguiram fazer despertar em mim a mínima emoção."

As duas afirmações são verdadeiras: por um lado, já estamos nus sob as nossas vestes, já somos o Eu; este não tem necessidade de ser criado porque já existe por toda a eternidade. Mas, por outro lado, qual é o meio, nesta existência humana, de nos estabelecermos no Eu, de nos tornarmos o instrumento da vontade divina? A criação desse organismo autônomo, graças à vigilância e ao trabalho com as emoções. Eis os dois temas sobre os quais insistimos aqui sem cessar. Cada vez que uma situação se apresentar, retornem à adesão, à não-dualidade no instante, sejam "um com" a realidade tal como ela se apresenta.

Vocês constatam de imediato que não têm essa estrutura e que estão sempre à mercê das emoções e da mente. Vocês não estão seguros de si mesmos: será que não corro mais o risco de sofrer, de ter medo? Vocês estão mais ou menos avançados no Caminho, transpuseram certas etapas, mas sabem que essa estrutura ainda não está cristalizada. Ela está apenas delineada. Vocês não são autônomos. E depois, num certo dia, pelo contrário, sentem essa autonomia. Alguma coisa efetivamente mudou. Vocês já não funcionam como antes; os antigos mecanismos já não se manifestam. A existência lhes ordena: "fiquem loucos de alegria", e vocês já não são obrigados a obedecer; a existência lhes ordena: "apaixonem-se", e vocês já não são obrigados a obedecer; a existência lhes ordena: "fiquem furiosos", e vocês já não são obrigados a obedecer. A mente perdeu o seu poder; já não há mais recaída a temer. Vocês compreendem que não são mais escravos. Os funcionamentos antigos que vocês tanto combateram desapareceram. A cristalização está consumada.

A ENERGIA FUNDAMENTAL

Embora eu tenha a intenção de dar a vocês novos esclarecimentos sobre o tema da energia sexual, o que lhes vou dizer hoje possui um valor que ultrapassa a sexualidade propriamente dita e se refere ao ser humano como um todo, seja ele casado, celibatário ou monge num mosteiro. Swâmiji dizia: "O sexo é a energia fundamental manifesta." Esta frase pode ter um sentido psicológico, mas também tem um sentido metafísico, caso se refira à bipolaridade dos opostos. É por isso que as pinturas ou as esculturas tântricas tibetanas representam com tanta freqüência divindades tântricas no ato sexual; é porque o masculino e o feminino são sempre procriadores, tanto no plano natural como numa acepção mística, como veremos agora. Pode-se igualmente considerar o célebre diagrama circular do *yin* e do *yang*, com uma metade preta e uma metade branca que se interpenetram, como um símbolo sexual, que também encontramos no *Lingam* de Shiva emergindo do *yoni*, pequeno vaso que representa o órgão sexual feminino.

É claro que as teorias reducionistas explicam esses símbolos afirmando que a sexualidade desempenha tal papel na vida humana que os homens a projetam nas fantasias mitológicas ou espirituais. Contudo, também é possível considerar que, no nível dos princípios, no nível causal, ontológico, a própria manifestação universal é constituída por essa bipolaridade de que a sexualidade humana é apenas uma aplicação. O sexo é a energia fundamental manifesta, desde que não compreendamos a palavra sexo unicamente a partir de lembranças mais ou menos felizes nesse domínio — algumas imagens eróticas ou alguns filmes pornográficos que vocês viram — ou mesmo com relação a uma sexualidade harmoniosa. O conteúdo dessa afirmação se mostra muito mais amplo se entendermos que sexo e amor muitas vezes se tornam sinônimos. Vocês conhecem o célebre verso de Dante: "o amor que move o mundo e os astros..." Também se poderia dizer que o amor — mas que sentido daríamos a essa palavra? — é a energia fundamental manifesta. E a linguagem popular diz "fazer amor" para designar simplesmente a conjunção sexual, isto é, a tendência para a aproximação, para a junção, para a comunhão.

Todo amor, até mesmo o mais elevado, é uma forma da sexualidade. Não falo em nome de Sigmund Freud, mas de Swâmi Prajnanpad. É preciso lembrar que todos nascemos a partir de duas células sexuais. Os seres humanos não provêm da fusão de uma célula óssea com uma célula epitelial! Todos vocês vieram de um óvulo e de um espermatozóide. A célula formada em seguida não só se multiplicou como também se diferenciou para constituir um ser humano inteiro. A nossa origem é extraída de uma forma particular dessa energia universal que é a sexualidade humana. E esta última compreende não apenas o desejo de união mas também a produção de espermatozóides no homem e de ovulação mensal na mulher. Logo, duas células sexuais se fundiram para originar um dia um ser humano completo, o que confirma a prioridade da energia sexual, mesmo que essa energia depois se ramifique e se especialize em energia instintiva para fazer os pulmões respirar ou o coração bater, em energia motriz para se realizar os movimentos voluntários, em energia emocional que alimenta o coração, em energia intelectual no nível do cérebro e, por fim, em energia erótica propriamente dita.

Seja qual for a posição que se tenha com relação à sexualidade, mesmo se se for um monge ou um asceta que viva na mais completa abstinência, a tradição tibetana ou a hinduísta manteria essa afirmação da preeminência da energia sexual. Mas que uso damos a essa energia? Aqui intervêm todas as modalidades passíveis de se apresentar ao ser humano. Ora, como sabemos, e a psicologia moderna o mostrou com clareza (certas idéias de Freud podem ser discutíveis, mas uma parte delas é indiscutível e verificada por todo especialista honesto das ciências humanas), encontramos a sexualidade em todos os aspectos da vida, notadamente nas anormalidades ou nas neuroses. Grande número de psicólogos e de psiquiatras afirma que não existe nenhuma neurose na qual não esteja presente pelo menos um componente sexual. Não podia ser de outra forma, desde que, repito, não compreendamos a palavra sexo apenas num sentido demasiado restritivo, mas sem por isso deixar de entendê-la também nesse sentido restrito, isto é, genital.

No mundo manifesto, toda criação, seja qual for o nível em que entendamos a palavra, implica dois que se unem. E cada vez que dois se unem, manifesta-se uma forma da sexualidade universal. A tradição hinduísta apresenta muitas imagens para ilustrar esse tema, mas nem todas são convincentes para nós. Por exemplo, só podemos falar porque há um maxilar superior e um maxilar inferior. Ou então, seria possível fazer cerâmica com uma única mão? Um oleiro só pode dar forma a um vaso em seu torno se usar as duas mãos, pois deve ter uma no interior e outra no exterior do vaso. Esses exemplos, que podem nos parecer muito pueris, têm estatuto de autoridade desde há três mil anos.

No nível metafísico, o Um não pode criar. Só pode haver criação se houver dois, isto é, se o Um se dividir no princípio. Não podemos ser criativos se não formos duais. Só se encontra no estado não-manifesto o silêncio absoluto da meditação profunda ou do *samadhi.* Isso parece muito evidente no que se refere à procriação de um ser humano ou de um animal, o que é, na natureza, uma função essencial da sexualidade, ainda que não seja a única. Quando não se faz por duplicação celular, a reprodução requer a intervenção de dois, o pai e a mãe. A propriedade essencial da energia sexual é sua criatividade, na dualidade e pela tentativa dessa dualidade de voltar à unidade, ou seja, pela reconciliação dos complementares ou mesmo dos aparentemente contraditórios.

Porém, a sexualidade não é criativa somente na procriação de um ser humano; ela é *sempre criativa,* e o monge ou o iogue que não mantêm nenhuma atividade sexual utilizam, mesmo assim, a energia sexual para procriar interiormente "o homem novo". O nascimento humano se deve à energia sexual de papai e de mamãe, e o nascimento espiritual, o novo nascimento, que corresponde à cristalização do corpo sutil, também é produzido pela energia sexual. O iogue procria a si mesmo como ser renovado e imortal.

Essa procriação em nós de um ser livre e transformado começa por uma fecundação que nos vem do exterior: a iniciação pelo olhar de um sábio, pelo som ou pelo toque, de uma maneira mais ou menos solene. Se não se produzir um aborto do "discípulo", porque as condições da vida são muito adversas e porque nos esquecemos do que sentimos num dado momento, esse primeiro choque é o início de um longo processo. Segue-se um amadurecimento que se poderia comparar com uma gravidez: esse novo ser cresce em nós com a ascese até que se produza, por saturação, a cristalização de uma materialidade muito sutil que, pouco a pouco, se acumula em nós, tema desenvolvido no capítulo anterior. Um dia ocorre em nós um parto, constatamos que já não somos os mesmos: esse homem novo que engendramos já não age da mesma maneira, já não reage, não é mais afetado, tornando-se fácil para ele pôr em prática o ensinamento em vez de ser obrigado a travar uma luta incessante, pontuada de esquecimentos e de malogros. Todavia, essa procriação interior não se realiza sozinha. A natureza não se encarrega dela como se encarrega do nascimento de um bebê. Ela exige a nossa participação ativa e requer que nos tornemos, de alguma maneira, "colaboradores do Criador".

Esse novo ser que geramos no nosso íntimo não está mais submetido às leis psicológicas a que o homem comum — o velho homem — está sujeito. Chamem isso de despertar, de libertação ou de iluminação, como quiserem. Houve, porém, uma fecundação. A iniciação, vocês o sabem, desempenha um papel essencial em todas as espiritualidades, quer se trate do choque do encontro com um mestre ou, eventualmente, com uma escritura sagrada que, num certo dia, muda a nossa vida. Não se trata exatamente de um nascimento, exceto se considerarem que o nascimento pode remontar à fecundação do óvulo pelo espermatozóide. Mas, se não for o nascimento do homem novo, é, pelo menos, o nascimento do discípulo em nós.

Ainda que o iogue, fiel aos Ioga-Sutras de Patanjali, não tenha atividade erótica propriamente dita, ao contrário do que propõem outros caminhos, ele só pode ser criador desse homem novo porque há "dois" nele. O que vou dizer agora não se aplica exclusivamente ao monge de vida sexual completamente interiorizada, mas também a vocês, ainda que vocês, embora nem todos e nem todas, mas pelo menos quase todos e quase todas, tenham sido chamados a levar uma certa vida sexual.

* * *

Vocês trazem em si valores masculinos e valores femininos. Os valores femininos são qualidades de receptividade e de acolhida, porque a vagina acolhe o pênis, e o útero, os espermatozóides. Reflexão e meditação são igualmente consideradas femininas porque se assemelham ao trabalho feito durante a gravidez, um trabalho de maturação dentro de nós. Os valores ditos masculinos referem-se, pelo contrário, à ação do lado de fora: dar, emitir, promover. Ninguém pode dizer que se trate aqui de uma obsessão sexual que projete por toda parte o pênis e o sexo feminino, como se afirmou injustamente a respeito de Sigmund Freud. Todos abrigamos em nós um homem e uma mulher. Não há nisso nenhum elemento que permita subentender idéias de superioridade do homem, de falocracia, nem de inferioridade da mulher; e tentei demonstrar, num capítulo de *Pour une vie réussie*, como os valores femininos são hoje tragicamente — peso as minhas palavras — esquecidos. Toda mulher possui riquezas masculinas, todo homem tem riquezas femininas, e o caminho da ioga em estado puro é precisamente a união do masculino e do feminino que trazemos em nós. Uma vez unificadas, harmonizadas, essas possibilidades masculinas e femininas procriam o homem novo, no sentido evangélico da palavra. O homem livre pode então tornar-se um instrumento da justiça de cada situação, ou da vontade de Deus, deixando de ser uma máquina de reação às solicitações exteriores, como o é o homem não-regenerado.

Esses elementos masculinos e femininos, que representam a bipolaridade sexual original, estão desenvolvidos em nós de maneira desigual, sejamos homens ou mulheres. Em certa medida, pode-se considerar que os valores femininos prevalecem na mulher e os masculinos no homem. Não irei me referir hoje à homossexualidade, que é um caso à parte; digo simplesmente, de passagem, que a minha convicção — contrária à da Igreja Católica — é a de que a homossexualidade não é um obstáculo decisivo, implacável, no caminho espiritual.

Todo ser humano, leve ou não uma vida sexual, tem de viver esse aspecto particular da bipolaridade, isto é, unir em si mesmo seus componentes masculinos e femininos. As idéias que partilho com vocês não são interessantes apenas do ponto de vista ontológico; também permitem aplicações concretas e práticas. Certos homens são bastante receptivos aos valores femininos, mostrando-se capazes de ouvir, de permitir em si mesmos o amadurecimento, de ser silenciosos, acolhedores, receptivos à graça divina. A espiritualidade supõe uma abertura; ela é, em grande parte, feminina. Em Brindavan, todos os homens pios consideram-se femininos, costumando-se dizer que Krishna é o único homem dali, sendo todos os outros identificados com as gopis,[1] incluindo-se entre elas um homem barbudo, musculoso, erudito.

Sendo essas características femininas, na origem, mais ou menos atrofiadas, devemos desenvolvê-las; mas se possuirmos apenas os aspectos femininos de abertura e de receptividade, isso não será suficiente para procriar o sábio em nós. Agir, projetar, dirigir-se para fora representam valores que também têm sua importância no Caminho. Deve ficar bem claro que os dois são necessários.

Uma mulher pode apresentar características masculinas desenvolvidas, às vezes em detrimento de sua feminilidade. Um tema astrológico de homem ou de mulher pode nos dar indicações interessantes a esse respeito, de acordo com a distribuição dos planetas em signos masculinos ou femininos (os signos da água e da terra são femininos, e os do ar e do fogo, masculinos). Por exemplo, Áries representa tipicamente ação masculina no que esta pode ter de impulsivo e de básico. Ele arremete — outrora se chegou a usar rebanhos de carneiros para derrubar paredes. Se Áries tiver um papel preponderante no tema de uma mulher, esta deverá assumir um componente masculino acentuado. Como conseguirá ela harmonizá-lo com o que chama de feminilidade? Da mesma maneira, determinados temas de homens revelam características femininas predominantes, que exigirão deles um esforço particular para desenvolver a sua afirmação masculina.

Assim, tomem consciência da importância dos componentes femininos e masculinos em si mesmos, sejam vocês homens ou mulheres. Mas a procriação do homem novo corresponde a um nível de ser consideravelmente — não digo absolutamente — livre dos elementos do tema. Ao contrário do que pretende um axioma decorrente da ignorância ou dos preconceitos, é falso dizer que "não se muda a própria natureza". A própria natureza do homem é justamente a sua capacidade de mudar. É claro que vocês não transformarão um japonês em senegalês, nem modificarão por inteiro o seu ser. Permanecerá um estilo, mas, nesse caminho, vocês têm de desenvolver e de harmonizar todas as suas potencialidades. Se o nosso tema nos ajuda a compreender melhor a nós mesmos, essa compreensão

1. As camponesas todo-amorosas do sedutor Krishna.

deve ser acompanhada da decisão de mudar a nossa natureza, pois essa é a dignidade do homem, assim como a da lagarta é se transformar em borboleta. E aceitaremos nos equilibrar e, portanto, desenvolver em nós a parte que ainda permanece atrofiada. O masculino e o feminino são designados pelos tibetanos como o pai e a mãe (*yab-youm*) em nós, que procriam o homem liberto, o homem que recuperou sua imagem original.

Pode parecer que há uma contradição entre o que costumo afirmar, isto é, que nada há para ser criado, que basta descobrir, que vocês já estão nus sob as vestes, e o que digo hoje sobre a necessidade de procriar. Não se trata de duas abordagens incompatíveis, mas, como se diz na Índia, de dois pontos de vista, dois ângulos de visão — *darshana* em sânscrito, palavra-chave da lógica hinduísta. De um ponto de vista, é exato que já somos a Natureza-de-Buda, o brahman, o atman, mas só pode se estabelecer no brahman esse homem re-generado. É precisamente a criação desse homem "duas vezes nascido" que explica a necessidade do esforço nos diferentes caminhos. O que tenho a dizer interessa à sua sexualidade mais concreta (sejam vocês impotentes, frígidos ou grandes amantes), e também interessa à sua vida espiritual no nível mais elevado.

Todo *sadhana* comporta um duplo aspecto, um ativo e um puramente receptivo de não-ação. Se alguns *sadhanas* são mais femininos e outros mais masculinos, todos podem, no entanto, conduzir à meta. Quando se diz, por exemplo, nos Evangelhos: "Os violentos tomam o Reino dos Céus pela força", isto se refere ao aspecto masculino da ascese, ao passo que a não-ação e o silêncio interior representam o aspecto feminino. Há, pois, entre essas duas abordagens, um equilíbrio a descobrir.

Se vocês são demasiado ativos na prática, o ego termina por encontrar aí a sua vantagem. Desse modo, certos *sadhanas* são fundamentados numa batalha. Sei bem que Maomé falou da Grande Guerra Santa, mas o que constitui o ego é precisamente o fato de combater. Se não encontrar mais adversário, o ego deixa de existir. O que caracteriza o ego desde o nascimento é *ser contra*. Ele nasce, cresce, desenvolve-se, desde que possamos resistir a alguma coisa. Ele se forma na criancinha a partir do momento em que esta começa a opor-se ao papai e à mamãe. Por exemplo, o estágio anal, dito agressivo, representa uma fase da formação do ego em que há oposição à mãe. E como as pessoas grandes resistiram a vocês, a introjeção de influências exteriores e de lembranças faz com que vocês condenem uma parte de si mesmos. Alguns, para quem esses mecanismos não são claros, utilizam um ideal que acreditam sinceramente espiritual ou técnicas de ioga e de concentração para melhor calar essa parte de si que recusam. E, persuadidos de que combatem as suas fraquezas, terminam por mutilar a vida em si mesmos e, por conseguinte, a sua própria sexualidade.

Se vocês pararem de negar um aspecto importante de si mesmos, isso corresponde à derrubada de toda uma base de sustentação do ego. É por isso que a palavra *sim* representa a arma absoluta diante do ego. Todo psicólogo que estudou a gênese do eu na infância estará de acordo com essa maneira de se expressar, que não se refere apenas a discípulos de um mestre hinduísta ou tibetano. Estejam alertas para que a parte ativa do *sadhana* não fortaleça o ego, que prossegue assim na sua luta de sempre: vou combater minhas associações de idéias e reduzi-las ao silêncio; elas me perturbam na minha meditação; vou me livrar delas concentrando minha atenção na minha respiração, e vamos ver quem é o mais forte.

Não nego que todo *sadhana* inclui uma certa luta. Na ioga de Patanjali, a palavra concentração de fato implica uma batalha contra os pensamentos parasitas. É um *sadhana* masculino. Mas, se é justo que o discípulo se alegre com o seu progresso, é preciso desconfiar da armadilha sutil que espera todo buscador espiritual e que consiste no reforço do eu, um superego aureolado de espiritualidade. Por exemplo, adquirindo certos poderes graças a esforços bem-feitos sobre o "hara" ou sobre a consciência do corpo, vocês correm o risco de se perder: "Agora, serei mais forte do que os outros porque estarei centralizado, bem-estruturado, com um ponto de apoio sólido no baixo-ventre." Na verdade, vocês simplesmente se opuseram a um ou outro aspecto de si mesmos, muitas vezes sem o desejarem, por meio de uma cadeia de reações inconscientes.

Se encontramos o componente sexual em quase todas as neuroses, isso se deve ao fato de o ser humano combater com freqüência sua própria sexualidade, de maneira mais ou menos distorcida, e o faz porque tem medo dela. Reflitam humildemente sobre até que ponto essa afirmação pode aplicar-se a vocês. Ora, a energia sexual, repito, é a energia fundamental manifesta, da qual vocês nasceram. Se o *yin* e o *yang* se reunirem num equilíbrio perfeito, não haverá manifestação, não haverá criação. Vocês não podem ser criadores do seu ser estruturado e despertado, ou simplesmente criativo, a não ser por meio da força sexual. Ora, em sua maioria, os seres humanos rejeitam uma ou outra parte de si mesmos; na origem dessa parte negada, vocês encontrarão sempre o amor — bem como o ódio, que nada mais é que a inversão do amor. O mesmo homem que escreve "Eu te amo, eu te amo, eu te amo" dá um tiro no objeto de sua paixão: "Eu a amava demais; não pude suportar vê-la partir com outro; eu a matei, senhor juiz."

As reações mecânicas manifestam essa imensa força de fusão ou a distorção dessa força, que se transforma em ódio e em agressividade. Todas as pulsões são formas da energia fundamental, que é a mesma em Don Juan e no monge, mas utilizada de maneira diferente. É o amor que leva o alpinista aos cimos e o navegador ao mar. Qualquer conflito da pessoa com um aspecto de si mesma é, em última análise, um conflito com a sua força sexual. E alguns homens, e algumas mulheres, embora gostem de fazer amor, permanecem presos a uma sexualidade pobre e limitada porque têm medo da sua própria força vital.

Portanto, todo caminho iniciático comporta uma certa combatividade, mas a parte feminina na espiritualidade é muito mais importante. Sejam vocês homens ou mulheres, a única maneira de se tornar um sábio é desenvolver a parte espiritual que há em vocês, isto é, a parte feminina de recolhimento, de silêncio, de contemplação e de entrega de si mesmo. O vocabulário místico utiliza muitas vezes expressões reservadas ao domínio sexual: assim como se diz de um homem que ele "possui uma mulher", diz-se de Deus que ele se apossa da alma. E para que Deus se aposse de nós, temos de nos tornar femininos, deixar-nos penetrar, impregnar pelo divino. O abandono, o deixar-se levar representam dados fundamentais da espiritualidade.

Vocês não podem utilizar a ioga e os exercícios de autoconsciência para melhor combater e percorrer os meandros da existência armados de um sabre numa das mãos e de um escudo na outra. Não se enganem. No Japão, o auge das artes marciais consiste em "jamais vencer, mas também em jamais ser vencido". E a grande realização para o mestre de uma arte marcial é morrer no leito, porque basta a sua presença para que reine a paz. Além disso, a maioria das palavras japonesas que designam as artes marciais significam, na verdade, as artes da paz. Que o aspecto marcial, que desempenha um grande papel na nossa curiosidade ocidental moderna, não os induza a erro. A paz é superior ao combate.

Essa idéia de *sadhana* ao mesmo tempo masculino e feminino reúne duas noções muito importantes do vocabulário de Swâmiji: "*The way of peace and the way of power*", "O caminho da paz e o caminho do poder". A atitude masculina conduz ao poder, e o poder sobre si mesmo, o autodomínio, tem, é claro, o seu lugar. Mas o caminho do poder — ou dos "poderes", no plural, quando se buscam unicamente os *siddhis*, os poderes miraculosos — tem seus limites; e o caminho místico último é o caminho da "paz que ultrapassa toda compreensão". Ramana Maharshi aparentemente não tinha nenhum poder: não era deputado nem ministro, não possuía recurso financeiro, contentando-se em ser e em irradiar.

Quando se diz que é indispensável adquirir um real domínio de si mesmo, isto é verdade. Vocês não podem admitir sua permanência indefinida, ano após ano, na condição de joguetes de seus impulsos, de seus pensamentos, nem girar em torno dos mesmos mecanismos, do mesmo infantilismo e da mesma fraqueza. Se um guerreiro se levanta em vocês, bravo! Desde que vocês permaneçam abertos ao silêncio e à receptividade. Sejam fortes, conquistem vitórias, mas se há uma parte do seu ser com a qual não estão em paz, tenham o cuidado de não condená-la em nome do *sadhana*. Caso contrário, estarão perdidos. Se não estiverem, antes de mais nada, reconciliados com a sua ambição, a sua vaidade, a sua violência, a sua agressividade, a sua própria sexualidade, no que ela pode ter de mais animal, o *sadhana* corre o risco de ser incorporado pela neurose de vocês por causa do seu caráter combativo.

É preciso, pois, fazer um *sadhana* equilibrado, ou vocês nunca serão livres. Todas as suas capacidades de combate, de "cair em cima", como se diz, nos sentidos próprio e figurado, constituem uma manifestação masculina da energia sexual que há em vocês, e ocorrem num processo de transformação rumo à abertura, ao deixar-se levar, ao dom de si. Se uma mulher fechar as coxas e os joelhos, se a sua vagina se retrair, como poderá ser penetrada? "*What does nature say?*" — perguntava Swâmiji. "O que diz a natureza?" Essa atitude feminina se mostra essencial porque, afinal, quem transporta o bebê durante nove meses? A mulher é fecundada, mas é ela que faz o bebê; na procriação, seu papel é mais importante que o do homem. Os dois fornecem, no início, uma célula, mas depois, o trabalho de gestação cabe à mulher. Da mesma maneira, na geração do ser interior, que é a verdadeira meta da espiritualidade, sejam vocês homens ou mulheres, o papel da mulher que há em vocês prevalece sobre o papel do homem que há em vocês.

* * *

A procriação do homem novo em vocês corresponde, em grande parte, ao que chamei de cristalização do corpo sutil, que deixa de ser amorfo, informe. Porém, ao mesmo tempo, vocês são chamados a manifestar-se, a agir; os pássaros cantam, os pavões andam em círculos, as árvores produzem flores e frutos. Para se sentir verdadeiramente em harmonia com o universo, para se tornar plenamente homens, é preciso que vocês sejam criativos. Diz-se nos ensinamentos espirituais que o homem se torna colaborador de Deus e arremata a criação.

É claro que, quanto a mim, não levo em conta absurdos que se escreveram sobre isso: "Deus fez desaparecer o brontossauro e o diplodoco, ninguém pode negar; logo, quando o homem de hoje destrói todas as espécies animais, atua como colaborador de Deus, que tem a intenção de fazer desaparecer os leões, os tigres e os elefantes, tal como fez desaparecer os dinossauros." Em suma: vamos devastar a natureza: nada de ecologia; que não subsista um único elefante ou tigre na superfície do planeta. Eis o resultado desse insidioso raciocínio. Diz-se que o homem é colaborador de Deus na criação e, infelizmente, essa frase mal compreendida no nosso cristianismo levou aos abusos atuais, abundantemente denunciados, deixando um frio na espinha quando imaginamos o que seria a destruição do planeta.

Se são criadores, vocês desempenham o seu papel de seres humanos. Ora, em sua maioria, os seres humanos se revelam pouco criativos. As pessoas não conseguem sequer se auto-renovar; elas imitam, plagiam, reutilizam. Para uma idéia verdadeiramente original em um cenário, vocês encontrarão cinqüenta cenários que retomam indefinidamente os mesmos ingredientes. E mesmo que não sejam o que se chama de criadores propriamente ditos, cenógrafos, diretores, escritores, oleiros, ceramistas, vocês têm de ser criativos de uma maneira sutil a fim de que toda a sua vida se torne uma criação permanente. Um bailarino cria todos os dias um espetáculo diante dos nossos olhos. O espetáculo nasce com a sua entrada em cena e morre quando ele volta aos bastidores.

Reflitam sobre isso. Como posso vir a ser criativo em todas as ocasiões, em todos os domínios, em todos os níveis, em vez de ter uma vida que é mera reprodução, imitação do exterior, submissão a "isto se faz, isto não se faz", sem nenhuma solução original? Os comportamentos de vocês são repetitivos — e a repetição é própria da neurose. Eles recopiam, por imitação direta ou por imitação negativa, isto é, fazendo o contrário dos modelos que vocês incorporaram; e se vocês são escravos de certas leis imbecis, mas bastante cruéis, que sua mente promulgou, vocês não podem se renovar. Quanto mais vocês são livres, mais suas vidas são naturais, espontâneas, originais, "*a festival of newness*", dizia Swâmiji.

De fato, para sermos fecundos, temos de ser dois, razão pela qual é necessário realizar efetivamente *em vocês* o equilíbrio do homem e da mulher, mesmo que essa harmonia interior só desempenhe o seu papel exclusivo nos caminhos que suprimem por inteiro a manifestação normal da atividade sexual — portanto, que comportam de início um aspecto de combate consigo mesmo. Outros caminhos, pelo contrário, dão lugar ao erotismo, como os caminhos ditos "secularizados". Entre os tibetanos, os dois caminhos coexistem, e vocês todos já ouviram falar, lamentavelmente numa forma muitas vezes degenerada, do caminho do *tantra*, no qual, com efeito, a sexualidade é sacralizada. Mas certos monges tântricos, os gelukpa e o Dalai-lama, por exemplo, não têm vida sexual.

O princípio do tantra, seja ele hinduísta ou tibetano, reside no fato de jamais ser contra coisa alguma. Seja como for, uma vida humana só pode ser justa se estiver alicerçada num sim absoluto à sexualidade: um monge cuja vocação monástica repousa na recusa da sexualidade sabota a sua vida monacal. Normalmente, o monge entra no mosteiro cheio de energia sexual. Os textos antigos são, quanto a isso, eloqüentes, como o testemunha a pergunta que se fazia antes a quem pretendia entrar no mosteiro: "Queres viver na castidade; tens boas ereções?" Plenamente assumida, a sexualidade pode depois ser utilizada para uma meta espiritual; infelizmente, porém, esse não é o caso de muitos ocidentais.

As meditações tântricas que repousam na vigilância, sem tentarem se concentrar num dado tema, são de natureza feminina: acolho sem recusa as associações de idéias, os devaneios, mas não me identifico com eles, deixo-os passar. Dudjom Rimpoche me disse: "O *hinayana* consiste em lutar contra os inimigos e os obstáculos por meio da concentração, ao passo que, no *mahayana*, não se temem estes últimos porque se conhece o antídoto, o *sunyata*, a convicção do vazio, da irrealidade dos fenômenos. Porém, no *tantrayana*, o asceta não teme os venenos — ao contrário do *hinayanista*, que deve baixar os olhos para não ser perturbado por uma mulher —, porque ele sabe como digerir esses venenos." Swâmiji citava muitas vezes um provérbio hinduísta: "O que é alimento para um é veneno para outro." Toda substância ativa opera como medicamento ou como veneno. No nível psicológico, fomos envenenados porque nos ensinaram a condenar certos aspectos da verdade em nós, tais como a cólera que se apossa de uma criança se um brinquedo lhe resiste, ou outros impulsos que se manifestam em estado bruto na primeira infância. Logo, a criança se habituou a entrar em conflito com o seu próprio impulso vital, sua força de vida fundamental, a libido de Freud, que age por toda parte. É preciso que vocês possam abordar esse tema e entender a palavra sexualidade com um ouvido e com um olhar completamente novos. Tudo o que vier a macular, a ofuscar, a condenar a sexualidade — as más lembranças de masturbação ligadas à vergonha, nosso acanhamento diante dos rapazes ou das moças em nossa juventude — tem de ser deixado de lado. A inteligência do coração pode nos convencer de que essas visões desfiguradas, neuróticas, devem ser abandonadas em favor de uma compreensão metafísica que, aos poucos, irá contrabalançar as marcas do passado, criar aquilo que chamo de contra-*samskaras* e descer do intelecto ao sentimento.

* * *

Para aqueles que levam uma vida sexual dita normal, resta ainda um ponto a compreender. O intercâmbio sexual é procriador, eventualmente de uma criança, mas também do homem novo e da mulher nova em cada um dos parceiros. Perdeu-se completamente de vista essa verdade na corrente da vida, embora o casamento tenha permanecido um sacramento em todas as tradições. A literatura do Extremo Oriente insiste na união do *yin* e do *yang*, inclusive na vida sexual. Os tratados chineses, japoneses e hindus são verdadeiros manuais de sexologia e transcrevem o que as esculturas eróticas dos templos de Khajuraho transmitem visualmente, isto é, o aspecto místico do intercurso sexual.

Essa união do *yin* e do *yang* ocorre quando equilibramos nossas potencialidades masculinas e femininas. Ela acontece para o monge, o eremita ou o iogue que, ao longo de vinte anos, não irão sequer cruzar com uma só mulher, como também acontece numa vida sexual desenvolvida e tranqüilizada por uma abertura da mulher aos valores *yang* do homem e por uma abertura do homem aos valores *yin* da mulher. Essa comunhão ocorre seja por meio de contatos com ou sem penetração, seja pela simples proximidade, que permite a um sentir a vibração do outro e trocar energias. Cada um dos parceiros detém uma parte dessa procriação desde que não haja barreiras, recusa, medo, isto é, neuroses que venham a comprometer esse jogo da natureza em nós. Uma das maneiras de procriar em nós o "homem integral" consiste em ser dois *exteriormente* e, portanto, em formar um casal em que a mulher assimila as emanações *yang* do homem, e este as emanações *yin* da mulher. Aliás, é por essa razão, e não somente por razões psicológicas comuns, que um homem e uma mulher partilham de um mesmo leito. Durante o sono, ocorre certa impregnação no nível sutil. Se os parceiros estiverem verdadeiramente disponíveis um ao outro, irradia-se uma energia que não é a mesma no homem e na mulher, e que traz uma complementaridade.

Vocês podem perguntar a si mesmos, com honestidade, sem inquietude, a fim de se situar bem, quais são as deformações, repressões e traumas que os deixam mais ou menos inibidos. Há muitas maneiras de não ser sexualmente normal. Podemos estar limitados nesse domínio ao mesmo tempo em que mantemos uma atividade sexual aparentemente satisfatória que, no entanto, jamais levará a nenhuma transcendência, por ter permanecido num nível puramente genital. Se somos emocionalmente livres, a vida sexual leva sempre a uma superação. A fórmula latina "depois do coito, o homem é um animal triste" só se revela verdadeira para os seres humanos fechados às realidades espirituais, e cuja sexualidade não desemboca nessa criatividade. No fim de um ato sexual ou de um contato físico que não comporte o ato sexual propriamente dito, não devemos nos sentir cansados ou desanimados, talvez culpados, mas renovados. Nos próprios termos de Swâmiji, para começar sejam *normais* porque, se forem perfeitamente normais, vocês caminharão naturalmente para o *supranormal.* O ato sexual contribui para o crescimento interior pela regeneração que traz. Li muito sobre isso — obras de psicólogos, sexólogos, psicanalistas — e tenho ouvido desde há vinte anos numerosas confidências de pessoas cuja vida sexual não era normal no sentido que Swâmiji dava a essa palavra, quer dizer, não era uma re-criação e não as tornava criativas.

Swâmiji me lembrou várias vezes: "O todo é maior que a soma de suas partes." Ele me deu um exemplo simples, acessível a quem não possui formação científica: "Se você pegar cinco pedaços de corda que suportam cada qual um quilo e os trançar de determinada maneira, em vez de carregar cinco quilos, eles suportarão, juntos, sete ou oito." Essa lei se aplica ao casal verdadeiro, seja ele permanente ou ocasional: quando um e um se juntam, dois é maior do que um mais um. Revelam-se então novas possibilidades criativas, que têm relação direta com o seu crescimento interior, desde que, repito, não haja alguma coisa no consciente ou no inconsciente que constitua um obstáculo a essa expansão natural.

O que digo hoje inclui, é claro, um aspecto realista, e ao mesmo tempo decorre de um ensinamento espiritual. O tantrismo não se reduz à "recuperação" feita por certos professores de ioga para melhor seduzir suas alunas mais bonitas. O tantra supõe a aceitação perfeita, e portanto a predominância do aspecto feminino, que se abre por inteiro à pulsão sexual — em sua expressão direta ou em formas derivadas — e, a partir daí, leva ao amor. A vida sexual tem um valor a um só tempo humano e espiritual. O amor é a lei universal. A Índia o mostra bem ao propor um caminho progressivo que, de início, dá total importância à sexualidade até o momento em que esta passa para o segundo plano porque uma comunhão diferente da troca genital passa a se tornar possível entre o homem e a mulher.

A poderosa força que move o universo é o amor. Dois corpos se unem — é o amor; duas almas se fundem — é o amor; dois espíritos se comunicam — é o amor; um impulso em direção ao outro é o amor. Para que a sexualidade seja uma forma de amor e para que a expressão "fazer amor" não seja objeto de escárnio, é preciso viver a sexualidade sem restrições nem pressupostos, e que haja amor, pelo menos aqui e agora. O que eu quero dizer com isso, dada a multiplicidade de sentidos que pode ter a palavra amor, palavra que, em francês, também serve para designar a concupiscência, a paixão, o fascínio e outras formas particularmente distorcidas de egoísmo?

Só há amor se houver a participação da totalidade do ser, ainda que ocorra apenas no instante. Viver o momento presente é a chave de toda vida intensa e de toda espiritualidade, mas, em especial, de uma sexualidade justa, aqui e agora, segundo após segundo, sem passado, sem futuro, num envolvimento total, intelectual, emocional, físico de que os seres humanos se mostram incapazes na maior parte do tempo. Em particular, esse envolvimento total no momento lhes parece irrealizável se se tratar de uma relação sem futuro, embora ele também ocorra em certas uniões rituais sacralizadas mas efêmeras. Não trato do caso particular de cada ser humano e de sua vida sexual, mas é possível, mesmo em atos sexuais que não estejam fundados no sacramento do casamento ou numa união duradoura, haver amor, pelo menos no instante, na plenitude do aqui e do agora. Conhecem-se muitos exemplos na história de certas formas de espiritualidade: os parceiros nunca mais voltarão a se ver, de maneira que não haverá nenhum apego comum e que se produzirá uma completa unificação, comparável à proporcionada por uma meditação bem-sucedida na qual cabeça, coração e corpo se vêem reunidos num doar de si momentâneo porém total, pois esse envolvimento total no instante seria possível mesmo em encontros casuais, como se diz. Mas, na verdade, isso jamais acontece, porque temos medo de nos dar, não estamos unificados, não nos conhecemos e, portanto, não podemos contar conosco, pois não nos atrevemos a jogar o jogo.

O doar de si supõe uma liberdade que o ser humano de início não possui. Um iogue procura tomar posse de si mesmo para poder se dar. Essa doação se mostra mais fácil numa união que traz a vocês uma ajuda a esse respeito, uma ajuda baseada na confiança e que comporte um compromisso para o futuro, como no caso de um casamento sacralizado. Mas o abandono real na sexualidade nada tem que ver com o doar de um homem e de uma mulher até que a morte os separe ou por toda a eternidade diante do padre; ele opera segundo após segundo, porque só a perfeição do instante nos põe em contato com a dimensão vertical do eterno presente ou eternidade. Quando já não há passado nem futuro, subsistindo apenas o presente sem duração, essa dimensão vertical religiosa se revela e nos faz descobrir o aspecto metafísico da existência. Ora, a sexualidade ajuda os seres humanos, mesmo que ainda não sejam iogues muito avançados, a concentrar-se aqui e agora, neste instante, e, por meio disso, a se reconhecer fora do tempo.

Para isso, é necessária uma compreensão. No caminho que proponho, tudo começa pela compreensão. O instante puro desemboca na eternidade. Mas a maneira comum de viver a sexualidade com o pano de fundo da cupidez faz com que o instante seja sempre vivido em função do instante seguinte, numa tensão voltada para o alvo. Na verdade, seria preciso conseguir viver o ato sexual não apenas sem passado — o pesadelo do passado que vem falsear, ofuscar, macular, inibir nossas possibilidades — como também sem futuro, mesmo o de meia hora ou de um minuto depois. Essa experiência representa uma reunificação na qual podemos ser sustentados pela própria potência da energia sexual, a energia fundamental. De fato, a energia intelectual, a energia emocional e a energia física não passam de ramificações da energia sexual.

Se essas três funções diferenciadas forem "postas sob o mesmo jugo" (elas o são na ioga), a consciência de ser, e de ser vivo, se mostrará tanto mais intensa como mais livre, com um sentimento incomum de bem-estar, da naturalidade e de espontaneidade.

O ato sexual constitui uma preciosa contribuição para levar a um estado de reunificação. Não sendo de início grandes meditadores, capazes de entrar em *samadhi* à vontade, vocês precisam de ajuda no princípio da caminhada. Por meio da perfeição do aqui e agora, da reunião da totalidade do nosso ser e da atividade simultânea de dar e de receber, o aspecto masculino e o aspecto feminino se acham em equilíbrio, em harmonia. Cada um dá e cada um recebe, e, como diz um dos grandes Upanixades, "*They fulfill each other's desire*", "Eles realizam o desejo um do outro". Esse intercâmbio mútuo engendra um estado sem desejo, um momento de plenitude, portanto um estado criativo, recriador. E essa recriação implica para cada um uma possibilidade de amor que não é senão a anulação momentânea do ego.

Mas quando o ato sexual está assentado no julgamento e na condenação inconsciente, a experiência é falseada, mesmo que a mulher tenha um orgasmo e o homem, um certo prazer na ejaculação. Em contrapartida, se a anulação momentânea do ego ocorrer, o ponto culminante do ato sexual representa sempre um começo, em vez de ser um fim. Ora, mesmo que a impressão de ruptura, quase de tristeza, seja geralmente mais acentuada no homem, em certas mulheres o elemento de anormalidade se manifesta por uma reação negativa depois de terem sido tomadas pelo impulso sexual.

Nas condições normais, o clímax do ato sexual, aquilo que se costuma chamar de orgasmo, longe de ser um encerramento, é como uma porta que se abre para um outro mundo. Seres humanos passaram por esse tipo de experiência que desemboca num estado de graça sem jamais ter ouvido falar em espiritualidade, digamos mesmo "flutuando no ar" (emprego de propósito uma expressão delicada). Ouvi diversos testemunhos de pessoas que descrevem uniões sexuais que lembram o *samadhi*.

A anulação do ego aqui e agora ocorre pela submissão à energia universal que vocês aceitam completamente em si mesmos: vocês se fundem na sensação à qual ousam dar uma imensa importância. Não há senão intelecto na vida; ousem tornar-se um pouco animais. O dinamismo, embora seja vivido de segundo em segundo, representa uma continuidade, um processo em andamento, uma pulsão. Tudo é movimento na existência, nada permanece estático; até mesmo nas meditações mais imóveis, o sangue e o prana circulam sempre.

Swâmiji dizia: "Ninguém dá, ninguém recebe; há somente doação e recepção", *there is only giving, only receiving.* O ego se apaga na não-dualidade com a ação. Assim como praticamos a formação de unidade com a respiração a fim de que só permaneça o respirar consciente — um e não dois —, o mesmo acontece quando um homem beija uma mulher: há somente *kissing*, o ato de beijar (a formulação é melhor em inglês do que em francês). O que Swâmiji me explicou não vale apenas para o âmbito sexual, embora se mostre mais fácil de realizar nesse domínio. Recordo-me também de uma imagem que Swâmiji me deu: "Não sou *eu que observo a árvore*, mas sim, *a árvore é que é observada*." A árvore é observada; eu não vejo mais *a minha* árvore em função dos meus antecedentes, do meu contexto cultural, do meu inconsciente. Se cada vez que observo um carvalho, eu o vejo com relação ao belo carvalho que existia no jardim do meu avô, deixo de ver a árvore em si mesma e vejo sempre a árvore do meu avô. Em contrapartida, se a árvore é observada, não vejo mais o carvalho do jardim do meu avô, mas o carvalho atual.

Essa experiência tem um valor geral na existência, mas assume um relevo especial no ato sexual, visto englobar então todos os níveis do ser: físico, emocional, mental; todos os *koshas* estão envolvidos, os cinco sentidos participam. Não é mais "eu acaricio a mulher", mas "a mulher é acariciada", e eu, enquanto ego distinto, desapareci. Eu entro em contato com o próprio movimento da vida. A energia sexual não precisou de vocês para fazer um embrião quando vocês eram do tamanho de um inseto no ventre da mãe. Não sou "eu" que acaricio a mulher; a mulher é acariciada; *there is only kissing,* há somente o fato de beijar, há somente o fato de acariciar. Trata-se de uma real oportunidade de anulação do ego.

* * *

Nos exercícios de meditação que são propostos a vocês aqui,[1] nunca se surpreendam se damos uma importância não somente à consciência do baixo-ventre — sede do *hara,* ou do sacro da *kundalini* adormecida — como também à totalidade da parte inferior, que também abrange o ânus e os órgãos genitais. Para o médico, o centro da sexualidade não está nos ovários nem nos testículos, mas em algum lugar do cérebro. Contudo, o conhecimento antigo faz um repertório de outros centros de organismo de que todos vocês ouviram falar sob a denominação de *chakras.* Praticar um leve e rápido impulso no *hara* na expiração não tem o efeito exclusivo de acumular energia no *hara*, mas também envolve um acúmulo de prana nos órgãos genitais.

Essa técnica pode ser utilizada para a pessoa se manter jovem, como se pratica na tradição taoísta, justamente porque a força procriadora está no baixo-ventre. A sutil energia do prana acumula-se nessa parte do organismo e permite que se sinta o baixo-ventre inteiramente regenerado, mais vivo, mais vibrante, mesmo que não se produza ereção, no que se refere aos homens.

Às vezes, as práticas espirituais aumentam a intensidade do que um psicanalista chamaria de libido. Os monges ou as monjas passam por tempestades sexuais, simplesmente porque certos exercícios de concentração intensificam a energia, que não se dispersa mais nos extravios do pensamento. A interiorização, o recolhimento, até mesmo em exercícios diferentes das práticas do *hara*, levam inevitavelmente a um aumento de energia sexual, que na realidade é simplesmente energia. Algumas pessoas se empenham no caminho religioso e ficam perturbadas porque se sentem

1. Cf. *Approches de la méditation*, Éditions de La Table Ronde.

quase obcecadas. Isso não deve inquietar vocês: se se produzirem fenômenos incomuns e vocês forem testemunhas desprendidas, eles desaparecerão rapidamente desde que vocês não os recusem. Aceitem de uma vez por todas que nada há de tendencioso, de "tântrico" (no sentido europeu da palavra), no fato de se acumular energia no baixo-ventre; tudo é puro para quem tem o coração puro, mesmo que isso tenha se tornado muito difícil para nós.

É completamente normal sentir sem reticências uma força, uma energia, se acumular, como se diz, "abaixo da cintura". Vejam a conotação desdenhosa que esta expressão tem em francês: *au-dessous de la ceinture* ("abaixo da cintura"). Beijar, ofegar, isso não tem nada de espiritual! O *hara* está abaixo da cintura; a sede da *kundalini* para um iogue situa-se igualmente abaixo da cintura, e a energia mais preciosa, aquela a que os textos místicos se referem para evocar as mais elevadas realizações espirituais, a sexualidade, também tem sua origem abaixo da cintura. Na Índia, Deus é descrito como um homem e uma mulher enlaçados com tanta ternura que ninguém sabe dizer quem é o homem e quem é a mulher. Trata-se também de uma imagem trinitária; o homem, a mulher e o amor. A atividade que, dentre todas as outras, é eminentemente sagrada, é a atividade sexual. Concordo que ela tenha sido, em grande medida, profanada, mas é preciso voltar à compreensão da sua verdadeira dimensão.

É certo que a prática do *hara* pode ter felizes repercussões na vida sexual. Lembro-me ainda de Sensei Deshimaru, que muito estimei e respeitei, dizendo em seu mau francês, imitando um membro masculino com o seu braço, num gesto tão grosseiro quanto explícito: "Zazen, zazen, oh... a Madame ele está contente (*Zazen, zazen, oh... la madame il est content*)." Essa é a maneira crua dos mestres zen. Contudo, eles não são monges tântricos, com suas companheiras, *shaktis*, *dakinis*, nos seus mosteiros; eles utilizam, portanto, essa energia fundamental manifesta para o seu crescimento interior. Se vocês não têm nenhuma atividade amorosa porque as condições de sua vida não lhes permitem ter um parceiro, não se inquietem: esses exercícios não aumentarão a sua libido a ponto de tornar um suplício o não poder fazer amor.

Falo cruamente a fim de não parecer que nego os problemas que afetam uns e outros. Como diz Rajneesh: "As pessoas vêm me ver a pretexto de buscar Deus; se elas buscassem Deus, não haveria problema algum, mas, na verdade, elas vêm me ver porque estão sexualmente frustradas, e isso é muito mais difícil de resolver." Evidentemente, esse afluxo de vitalidade não deve ser entendido apenas como energia que os obrigará a ter uma vida sexual, mas como uma energia indispensável ao seu desenvolvimento, mesmo que vocês estejam condenados pelas circunstâncias ao celibato. Isso tem que ver com a Vida em vocês. A partir de um certo ponto, um aumento quantitativo gera uma mudança qualitativa. Ora, a energia sexual é a verdadeira energia do Amor, e não só do amor enquanto emoção instável que vem da sentimentalidade e da fraqueza, mas do amor real, profundo, imutável, o amor do santo pelo próximo.

Todavia, não quero que haja mal-entendidos quanto a isso; os exercícios de meditação não têm por objetivo torná-los sexualmente mais potentes, mas produzir em vocês uma energia sutil. A energia sexual é uma energia muito sutil, toda a Ásia sabe disso e ensina isso, e nós reduzimos a sexualidade a uma atividade bestial, nós a caluniamos, a degradamos devido ao mau funcionamento da nossa mente. Entretanto, é ela que permite a transmutação.

Quer vocês tenham uma vida sexual ou sejam condenados pelas circunstâncias da existência a não ter nenhuma, não se inquietem. Aceitem o seu destino tal como ele é hoje e fiquem em paz com ele. Mas peço a todos e a todas uma reflexão de coração aberto destinada à reconciliá-los com a energia sexual sem nenhuma segunda intenção, porque nas práticas relativas ao que está "abaixo da cintura", em especial o *hara*, a energia sexual está envolvida.

Quanto a mim tive uma educação muito religiosa que via impureza por toda parte: nada de salvação se se fizesse amor fora do casamento, ao qual se deveria chegar virgem com uma mulher virgem; qualquer outra atitude traía o ideal cristão. Os grupos de Gurdjieff me convenceram de que as relações sexuais, longe de ser uma culpa, podiam constituir um excelente "alimento de impressões"; assim, acabei por acreditar que eu era bastante normal sexualmente, mas ainda faltava alguma coisa. Foi a Ásia que me levou a descobrir a dimensão sagrada da força sexual, seja qual for a nossa maneira de empregá-la.

Nada parece mais terrível a um homem do que a idéia de ser castrado; mas essa castração, na realidade, ocorre se o ser humano se aliena da força vital que há em si mesmo e da sua capacidade de amar. Preciso insistir nesta verdade à primeira vista paradoxal: a força sexual é a força do amor místico. Quem não está em paz com a sua sexualidade pode ser amoroso, porém jamais alcançará o amor espiritual. Um iogue ou um monge do Monte Athos que jamais tiveram uma mulher nos braços, mesmo assim empreenderão a sua ascese com a energia sexual. E se recusarem essa energia em si mesmos, simplesmente por considerá-la uma atividade por certo excitante mas animal, vocês se condenarão a uma vida desperdiçada. Sei, graças às confidências de vocês, que sofrimentos essa função natural pode provocar nos homens e nas mulheres quando é distorcida, desviada, desnaturada.

O SEXO E O CORAÇÃO

Admitamos ou não, o sexo não só está na origem de toda a existência humana como também permanece, em estado bruto ou espiritualizado, como o motor fundamental dessa existência. Essa afirmação não tem um sentido exclusivamente freudiano. Ela se exprime em grande parte do simbolismo místico ou metafísico.

Ora, se nos limitarmos às aparências, parecerá haver uma espécie de injustiça no fato de alguns homens ou mulheres terem uma vida sexual tranqüila, enquanto que outros só conhecem nesse domínio a frustração. Portanto, falar sobre sexualidade pode fazer mal a este ou àquele, mas vocês não poderão seguir um caminho espiritual digno desse nome fechando os olhos, fugindo e trapaceando; e afirmo ao mesmo tempo, pois seria demasiado cruel deixar de fazê-lo, que jamais há situações desesperadoras no caminho da liberdade interior. Na vida vocês podem encontrar situações assim. Se foram levados à falência e à prestação de contas na justiça, isso por certo é desastroso do ponto de vista profissional; mas no Caminho nunca há situação desesperadora, mas apenas pessoas que se desesperam com a situação. Considerem a água, que sempre consegue passar! Ela se infiltra na areia, contorna um rochedo, corre até atingir o riacho; o riacho se une ao rio e este se funde com o mar. Isto se dirige a todos aqueles a quem a vida não facilitou uma vida sexual rica. Contudo, vocês precisam ver, por trás das vicissitudes da sua existência nesse domínio, que a função sexual, ou aquilo que Gurdjieff chama de centro sexual (e a palavra centro é muito bem escolhida), não deixa de ser uma realidade e, mais do que isso, uma realidade imensa, qualquer que seja a forma tomada pela energia sexual nesta ou naquela pessoa.

Como encontrar no ato sexual propriamente dito uma espontaneidade de criança? O tema da espontaneidade domina a espiritualidade universal, não se restringindo ao cristianismo: "Se não vos tornardes semelhantes às criancinhas, não entrareis no Reino dos Céus." O sábio é comparado a uma criança (*childlike*), o que sem dúvida não significa um adulto infantil (*childish*). A criança, que não tem passado, referências nem juízos de valor, vive, se exprime e brinca na liberdade, ao passo que nós, mais ou menos, mas por infelicidade quase sempre mais do que menos, perdemos essa espontaneidade. Há uma simplicidade de criança a ser redescoberta. Mas vocês não encontrarão nos jogos das crianças a dimensão que subentende a vida sexual. Vocês não conseguirão, estando de uma ou de outra maneira em equilíbrio com vocês mesmos, associar a sexualidade com um passatempo feliz; ela é muito mais do que isso. Portanto, devem-se levar em consideração dois aspectos: simplicidade e grandeza.

O que pode nos ajudar — a nós que perdemos a naturalidade da infância e fomos influenciados por todo tipo de condenações e de opiniões — é contrabalançar a formação que foi a nossa com outras idéias fortes, convincentes e totalmente diferentes, que acentuam em especial o valor espiritual e até mesmo místico da sexualidade. Deixem-se impregnar cada vez mais por essa certeza. Por isso, vou retomar algumas verdades, que se acham muito bem descritas no livro *Fragmentos de um Ensinamento Desconhecido*, desde que as leiamos com atenção, sem nada deixar escapar. Vou inclusive utilizar a terminologia usada nesse livro, lembrando porém que boa parte da minha pesquisa durante quinze anos consistiu em verificar se o que acreditei compreender no ensinamento de Gurdjieff era verdadeiro e universal.

Somos feitos de um centro intelectual mais ou menos lúcido, de um centro emocional entulhado de emoções e que, uma vez purificado, se tornará o que Gurdjieff denomina centro emocional superior (a meu ver, a palavra emoção não é bem escolhida), de um centro físico, o da sensação, que compreende uma parte motriz, que se pode educar, e uma parte instintiva, que não se pode educar — não ensinamos uma criança a mamar, e muito menos a fazer bater o coração e a respirar —, e, por fim, de um centro sexual.

Bem, cada centro trabalha com uma energia que, numa medida maior ou menor, é grosseira ou sutil, e que lhe é própria. Assimilamos a energia que a natureza nos oferece, e essa energia contribui para a cristalização do corpo sutil, criando em nós uma estrutura autônoma que funciona num nível de qualidade independente dos mecanismos comuns. Esse corpo sutil nos permite entrar em contato com os níveis mais elevados da realidade, os estados superiores de consciência, os sentimentos divinos. E a energia que é própria do centro sexual tem igualmente um altíssimo nível de qualidade, algo de que nos esquecemos por completo devido à aquisição do hábito, nesta civilização dita judeu-cristã, de considerar o sexo como um prazer, é claro, mas também como uma atividade puramente profana, talvez até mesmo como uma fraqueza espiritual. Mesmo hoje, a suspeita com relação ao sexo em comparação com os valores mais elevados não desapareceu. Certa abordagem da vida amorosa pode de fato ser degenerada, mas isso não se prende à função sexual tal como a natureza a criou.

A função sexual não se reduz a uma função bestial, mesmo que o homem também seja um animal, um mamífero, e mesmo que se tenha de levar isso em consideração porque "quem quer criar o anjo cria a besta". A energia do centro sexual vibra no mesmo grau de intensidade que aquela que anima os sentimentos mais sutis: a paz, a serenidade, o amor, a beatitude, todos os estados interiores que produzem uma dilatação do coração. É isso o que explica a existência de tantos vínculos entre a vida sexual e a vida mística — no momento deixo de considerar todas as degenerescências — e o fato de que a continência bem vivida, por aqueles que são qualificados para praticá-la e que conhecem os métodos concretos de transmutação de energia, pode produzir resultados espirituais tão amplos. A permanência, na vida sexual realizada, dessa mesma sutileza é o motivo pelo qual se emprega com tanta freqüência o vocabulário erótico na mística, inclusive nos grandes Upanixades clássicos (o Brihadaranyaka, o Chandogya), e não apenas nos Upanixades tântricos, onde a palavra "maïthuna", que significa coito, traduz certas realidades metafísicas ou teológicas. Temos outro exemplo no *Cântico dos Cânticos*, que ninguém jamais se atreveu a suprimir do Antigo Testamento. Até mesmo na linguagem popular utiliza-se às vezes a palavra êxtase ou a expressão "sétimo céu" para designar o orgasmo. Sim, mas de que sexualidade se trata?

Por que se usa comumente a expressão "fazer amor" para falar de um coito em que não teria havido, pelo menos aparentemente, nenhum amor? Porque o ser humano sabe, por intuição, que a energia sexual tem o mesmo grau de sutileza que o amor. A sexualidade é um impulso, um encontro, uma acolhida, uma doação ao outro, mesmo que esse nível de qualidade nem sempre seja atingido, longe disso.

A energia própria ao centro sexual é a mesma que anima o centro emocional superior, o coração, que, uma vez desembaraçado das emoções, diz sempre sim à realidade. Ora o corpo diz sim, ora diz não: se um pouco de gasolina entra na minha boca, cuspo-a fora de imediato. A cabeça também pode dizer não: não, o preço é muito elevado para as minhas possibilidades, não vou comprar esse produto. Mas o coração purificado não tem contrário: ele é unicamente amor. Não comporta uma metade negativa, comum ao funcionamento habitual, mas viciado, do coração, que gera as emoções comuns associadas aos dolorosos pensamentos conflituosos tão conhecidos de nós.

Ora, a função sexual propriamente dita não comporta uma metade negativa: a realidade é neutra, indiferente — um radiador não tem nenhuma importância para o centro sexual de vocês —, ou é positiva, feliz, agradável. Essa afirmação pode, no momento, lhes parecer teórica, ou até mesmo em contradição com a sua experiência pessoal. Só uma observação atenta lhes permitirá verificar que o centro sexual, em si mesmo, assim como o coração purificado do sábio, é isento de dualidade.

O coração perfeitamente unificado vê a vontade de Deus agindo por toda a parte e diz sim a tudo, pronto a agir em seguida em resposta à situação. Que palavra exprime entre todas o centro emocional superior? O "Sim", como o Sim de Maria ao Anjo da Anunciação. E que palavra exprime melhor o centro sexual? O "Sim!" Lembro-me de uma gravação particular (notável do ponto de vista teatral e erótico) de uma grande comediante que exprimia todas as frases de uma união sexual, desde as preliminares até as do clímax, apenas modulando a palavra Sim, tanto o "sim" voluptuoso como o metafísico.

Se o centro emocional superior e o centro sexual só conhecem o sim, as funções comuns comportam, ao contrário, uma parte negativa. O centro intelectual tem duas maneiras de dizer não. Uma é justa: "Quer um doce?" "Não, obrigado; sendo diabético, não como açúcar." Mas esse centro se habituou a dizer não por imitação, devido a todos os tipos de causas exteriores a ele que fabricaram o mundo pessoal de que todos somos prisioneiros. Ensinaram-nos a recusar este ou aquele aspecto da realidade aos quais, no entanto, não havia nenhuma boa razão para dizer não. O centro emocional está sobrecarregado de recusas, que tentamos pacificar e neutralizar por meio da terapia ou do *lying*. Quanto ao centro instintivo-motor, suas recusas se manifestam por contrações, bloqueios, fechamentos: não às sensações sentidas como dolorosas por associação com antigos traumas.

Como explicar, sabendo-se que o sentimento superior e o centro sexual consomem a mesma energia sutil, que a sexualidade seja em geral tão mal vivida? Sabemos que ela pode ser a causa de desastres na vida das pessoas. Como isso pode acontecer? Estabelecem-se conexões (como entre fios que se tocam, o que não é uma coisa boa em eletricidade) entre o centro sexual e a metade negativa dos outros centros. Eu poderia mostrar-lhes que todos os ensinamentos esotéricos confirmam essas verdades, mesmo que eles não as exprimam tão metodicamente quanto o fazia Gurdjieff.

Seria possível imaginar um ato sexual radiante e jubiloso que consistisse em dizer não... não... não? Se verificarem, verão que isso é impossível. Se isso acontecesse, a razão estaria no fato de o centro sexual ter entrado em contato com a metade negativa do centro intelectual, do centro emocional ou do centro físico. Eis o que acontece: um estímulo do centro sexual de uma dada pessoa desperta uma emoção dolorosa ligada a uma lembrança contida na metade negativa de um dos centros comuns, com a qual o sexo estabeleceu, no passado, uma relação frustrada. E o "não" se manifesta. Por exemplo, uma mulher suporta ser acariciada, mas a idéia de que um homem possa beijar o seu sexo lhe é insuportável, ao passo que outra veria nisso uma prova de amor, uma manifestação de ternura ou uma forma muito apreciada de sensualidade. Na maioria das vezes, essas reações negativas dos outros centros têm suas raízes no inconsciente, o que torna necessário trazer à consciência essa parte ignorada do psiquismo.

Se refletirmos sobre essa particularidade do centro sexual, veremos com que freqüência a nossa sexualidade pode ser perturbada. Com efeito, a função sexual propriamente dita, que na natureza é puramente agradável para os animais, traz problemas reais só para o ser humano. Não criamos tanta confusão a propósito da audição ou da visão! O centro sexual se acha contaminado por uma energia que não é a sua. Se o centro emocional abriga o medo da traição, o centro sexual, entrando em contato com ele, tem medo: "Não, não posso ter sensações agradáveis porque isso vai acabar mal." Mesmo sendo tão aberrante, esse mecanismo é freqüente. Do mesmo modo, o centro sexual não pode funcionar normalmente se entrar em contato com a parte negativa do centro intelectual e este contiver proibições: "Isso não se faz; é imoral; é uma concessão à fraqueza do homem; um verdadeiro santo não tem vida sexual; é lamentável fazer amor com uma mulher por quem não se está apaixonado" —, toda a gama de culpas e juízos de valor que tão bem conhecemos. Se a parte negativa do centro intelectual interfere, a sexualidade torna-se neurótica.

Porém, é preciso compreender que a sexualidade *em si mesma*, tal como a natureza a oferece a todos os seres humanos, permanece sempre intacta. Em si mesma, ela nunca é sádica nem masoquista, embora essas perversões sejam conhecidas. Uma ascese de purificação e de convicção, destinada a criar contra-ordens mais fortes que as inibições, deve intervir até que vocês possam se reconciliar completamente com a função sexual, sejam quais forem o seu passado, a sua educação, os seus desgostos, a sua noite de núpcias desastrosa, a vergonha de ter dormido com homens ricos que vocês achavam feios e que não amavam, ou a de ter feito amor com mulheres que desprezavam, sabendo que as deixariam no dia seguinte depois de lhes ter prometido, à noite, que seria para sempre, as condenações de todos os tipos — inclusive as que os padres podem ter incutido em vocês sobre a masturbação.

Assim como a tela de cinema nunca é afetada pelo filme projetado, assim como *anandamayakosha* já está presente em vocês e assim como vocês são chamados a amar com um amor que não conhece oposto, da mesma maneira a energia sexual propriamente dita nunca é contaminada. Sua sexualidade permanece perfeita, digo isso a todos e a todas, e em particular àqueles que sofrem e cujos problemas de impotência, de frigidez ou de desinteresse total nesse domínio são por mim conhecidos. A espontaneidade lhes foi mutilada devido às associações infelizes estabelecidas com as outras funções, que, elas sim, foram extensamente perturbadas. Se vocês crêem que têm problemas sexuais, vocês se enganam: seus problemas são de natureza psíquica. Consolem-se, tranqüilizem-se, pois nenhum e nenhuma de vocês possui um centro sexual deteriorado; o que está deteriorada é a mente e a emoção, que podem gerar a neurose. Vocês acreditam que têm más lembranças associadas ao sexo porque um membro de sua família abusou de vocês na infância — Deus sabe que Denise Desjardins, ainda mais do que eu, pôde verificar o número de meninos e de meninas que foram molestados sexualmente pelos adultos. Isso acontece mais comumente do que se acredita, por ser a coisa mais censurada. Mas, na verdade, seu centro sexual nunca é prejudicado; só o pensamento, o coração e o corpo podem ser feridos.

A energia sexual é sempre a energia fundamental anteriores à ramificação em energia intelectual, em energia emocional e em energia física e isenta de traumas. É preciso realizar o trabalho de descondicionamento sobre as perturbações do centro emocional, os maus *samskaras* impressos no corpo — não suporto que alguém me toque — ou as aberrações da mente com as leis mentirosas que promulgamos inconscientemente e em termos das quais vivemos na prisão do *nosso* mundo, em vez de viver *no* mundo. Mas o centro sexual, fonte intacta da vitalidade, persiste em querer funcionar, como as árvores florescem a cada primavera, e pede para ser utilizado tanto nas técnicas espirituais que nos levam à plenitude como no impulso de um corpo de homem e de um corpo de mulher na direção um do outro — sem levar em consideração, no momento, a homossexualidade.

O drama de muitas existências reside na contradição entre um impulso sexual ativo — o que é normal — e as negações da sexualidade pela parte negativa dos outros centros. A sexualidade pode ajudá-los a voltar à verdade da natureza se vocês a utilizarem como ponto de apoio, considerando que ela está intacta e pode vir em seu socorro. Na medida em que têm uma vida sexual, vocês podem dar-lhe a oportunidade de torná-los criativos, com a condição de que não se trate de uma atividade neurótica e degradada.

Como se libertar de todo esse passado? Sua oportunidade de salvação reside no fato de que o centro sexual, em si mesmo, jamais é afetado. E o centro sexual é a força de vida fundamental, é o impulso na direção do outro, é o fundamento do amor, que pode em seguida comunicar-se diretamente de coração a coração e de alma a alma. É claro que vocês podem se apaixonar, estar enamorados, fascinados, e julgar que estão amando, mas não há nenhuma possibilidade de amar, no sentido espiritual da palavra, se não estiverem plenamente reconciliados com a sua sexualidade. Se um monge, no mosteiro, assume completamente a energia do sexo, esta pode ser transmutada e ele então tem acesso ao amor; mas os que entram no mosteiro por medo da sexualidade ou por condená-la fazem bem em rezar o dia inteiro, pois não alcançam o amor, envelhecendo tristes e amargurados, e sua vida espiritual vai por água abaixo.

A energia sexual em si mesma, não poluída pela parte negativa dos outros centros, é a energia mais sagrada, o que explica todas as alusões à sexualidade nas obras místicas. Se é totalmente legítima a utilização por vocês dessa energia sutil para ter uma vida sexual normal, nem por isso se esqueçam do seu caráter sagrado. Não a desperdicem. E se tiverem a audácia de respeitá-la de modo pleno, a sexualidade se tornará para vocês uma atividade sacralizada que os satisfará plenamente e os levará ao amor, à comunhão, à não-dualidade. Porém, com muita freqüência, a energia sexual não pode permanecer simplesmente no nível latente nem ser utilizada harmoniosamente numa união feliz, seja porque a inibição os impede de ter os encontros que desejam, seja porque a relação é ruim, mesmo que o homem ame a mulher ou a mulher ame o homem. Quantas mulheres me disseram amar o marido embora não suportem a relação sexual ou só a suportem esporadicamente, quando um certo equilíbrio emocional está presente entre eles. É preciso compreender que outras funções é que são tocadas e que se retraem, e que a sexualidade propriamente dita nada tem a ver com esses medos e com esses sofrimentos.

* * *

A energia sexual só pode ser vivida de três maneiras corretas. A primeira, provisória, corresponde a circunstâncias particulares que não permitem ter uma vida de casal, mas que tampouco comportam solicitações nesse domínio; por exemplo, estou detido num campo de prisioneiros de guerra onde só há oficiais ou soldados e a sexualidade passa para o segundo plano devido à completa ausência de mulheres. Meu pai, que era psicólogo e foi prisioneiro durante um ano num campo de oficiais em 1940 antes de ser libertado como ferido na guerra de 14 a 18, me contou certa vez que os jovens oficiais jamais falavam de mulheres; seu assunto preferido era a gastronomia! Suas conversas "não-sérias" consistiam em descrever o cardápio da primeira comunhão de um sobrinho ou o do casamento do primo. A "bóia" ocupava o centro de suas preocupações porque eles eram muito mal-alimentados. Mas a ausência de mulheres parecia causar-lhes poucos problemas. Do mesmo modo, quando vivi vários meses junto ao meu companheiro Sonam Kazi, no Butão ou no Sikkim, encontrando só monjas tibetanas tonsuradas e que não tomavam banho todos os dias, minha sexualidade estava totalmente em repouso. Nesses casos específicos, não há interferências nocivas dos outros centros, e esses períodos de abstinência momentânea são completamente normais.

A segunda maneira de utilizar a energia sexual com propriedade é a continência. Como a descreve Daniélou — não falo do cardeal, mas do indianista —, "a continência não é uma virtude, mas uma técnica". Essa precisão é interessante. A ausência de vida sexual na vida espiritual não constitui um comportamento particularmente virtuoso e admirável. Trata-se de um método destinado a obter certos resultados determinados, mesmo que seja inspirado pelo amor a Deus. Para onde vai essa energia não utilizada? Graças à própria qualidade do centro sexual, ela poderá ser investida na meditação. Com um pouco de coragem e de determinação, vocês mesmos podem fazer a experiência. Se sentirem uma exigência sexual muito forte que não possa ser satisfeita (fora da masturbação) e aceitarem, ao mesmo tempo, a intensidade do desejo e a impossibilidade de realizá-lo — mesmo que isso pareça muito difícil durante vinte ou trinta minutos —, produzir-se-á uma intensificação quantitativa que terá como clímax uma verdadeira transmutação qualitativa da energia sexual. Nesse limiar, a plenitude da adesão à potência do desejo opera uma mudança de nível. Posso dizer a vocês que algumas pessoas que me ouviram não só tentaram como conseguiram. Conheço até mesmo o caso de uma mulher que, por ocasião de um retiro no Bost, viveu sua primeira grande experiência de meditação num dia em que teve um desejo sexual particularmente forte num período em que não havia homens em sua vida. Ela se concentrou no seu desejo, tornando-se completamente "uma com" ele, sem ter medo — e a mudança qualitativa aconteceu. Depois dessa experiência tão rica, ela se viu em paz durante vários dias consecutivos, continuando a viver na vibração desse momento maravilhoso que lhe permitiu ter um contato direto com aquilo que a Índia chama de *anandamayakosha*: ela era só amor e beatitude.

Por fim, a terceira maneira de empregar a energia sexual é, evidentemente, a união sexual propriamente dita: "Sejam completamente normais antes de querer ser supranormais." E o desdobramento sexual normal, assim como a transmutação, pode desempenhar um papel de primeiro plano no Caminho. Terei ocasião de voltar a esse tema.

Há, pois, três eventualidades do ponto de vista espiritual: a primeira, de que não se deve fazer um drama, consiste em ficar algum tempo sem vida sexual; a segunda é a transmutação, e a terceira é a vida sexual normal. Além destas, há uma outra abordagem, que os psicólogos chamam de sublimação, mas que não é necessariamente libertadora: diz-se que Beethoven compôs as suas sinfonias porque não tinha vida sexual e sua libido foi transferida por inteiro para a sua obra de arte; isso é precioso para nós, que podemos apreciar o talento, a grandeza e a força da mensagem que ele nos transmitiu, mas não constitui uma prova de sabedoria e de libertação. Trata-se, contudo, de uma maneira socialmente feliz e quase feliz individualmente de tirar proveito da energia sexual fora de sua realização normal ou de sua transmutação.

Mas qual o destino da energia sexual que não é canalizada de nenhuma dessas maneiras corretas? Ela é consumida pelos outros centros. Isso deve ficar bastante claro para ajudá-los a compreender a si mesmos. Um aparelho elétrico não funciona com gás nem com gasolina, e um aparelho a gás não funciona com eletricidade. Contudo, no âmbito da complexidade de um organismo humano, essa infelicidade é possível. O pensamento é alimentado pela energia sexual, que não é a que lhe convém, porque ele se serve, de modo geral, de uma energia menos sutil e intensa. O centro emocional comum, que abrange todas as emoções grosseiras, trabalha com a energia sexual, que não é a sua, o mesmo ocorrendo com o centro motor. Isso representa um imenso desperdício.

Três características nos permitem identificar essas interferências. Mas antes de enumerá-las preciso ainda fazer uma consideração. Ocorre que tiramos voluntariamente vantagem dessas interferências, nocivas do ponto de vista espiritual, a fim de obter certos resultados. O lema "Faça amor, não faça a guerra" contém uma verdade, e desde há muito se sabe que as pessoas seriam bem menos belicosas se fizessem bem o amor. Se temos necessidade de combatentes, é melhor que eles não estejam sexualmente bem. Um neurótico sexual pode ter vantagens na "*struggle for life*", a luta pela vida, e tornar-se um "brigão", o que termina por criar confusões quando não se encara essa questão de frente.

Passo agora às três características do mau funcionamento dos nossos centros quando a energia sexual é desviada: em primeiro lugar, a intensidade inútil, uma intensidade sem justificativa; em segundo, a inutilidade das realizações ou das ações empreendidas; e, em terceiro, a combatividade. Devo esclarecer que isso se aplica a mulheres e a homens, quaisquer que sejam as diferenças entre a natureza feminina e a masculina.

A energia sexual desviada comporta um aspecto agressivo: ela é então empregada para lutar, para atacar ou para criticar; e essa combatividade é agravada pelas outras duas características — a intensidade e a inutilidade. Se o centro emocional funciona com a energia sexual, a religião se torna condenação dos hereges e há uma ênfase exagerada no destino dos pecadores que arderão no inferno; em outros domínios, alguns se inflamarão por uma causa, escreverão panfletos, arrebatar-se-ão diante dos seus ouvintes. Esse desvio se traduz por um fanatismo nas emoções, por uma excitação, por uma intensidade nas idéias: "Isso é horrendo! Isso é abominável! Isso é inadmissível!" Excesso, combate e, por fim, inutilidade.

Se o centro motor estiver afetado por esse desvio da energia sexual, o simples fato de passar o aspirador ou de limpar uma banheira se torna um verdadeiro combate de luta livre com o aspirador ou com a banheira. Também observei muitas vezes a inutilidade das ações quando são alimentadas por uma energia que não é a sua: por exemplo, vocês vêem uma pessoa falar durante três quartos de hora a alguém que não pode ouvi-la e muito menos entendê-la num dado dia porque está demasiado envolvida com suas próprias preocupações. A pessoa falou por nada, sem sequer se dar conta disso. Esse tipo de ação equivale a plantar moedas de um franco e regá-las todos os dias na esperança de que germinem. Sempre em ligação com o centro motor, se a energia sexual é mobilizada para bater recordes, por que não? Isso pode ser interessante. É uma questão de estado de espírito. Mas um esportista que tem uma vida sexual bem expandida não aborda o esporte da mesma maneira que o esportista cuja energia sexual anima o centro motor.

Esses desvios da energia sexual não devem ser confundidos com a transmutação que alimenta o *anandamayakosha* entre os místicos, nem com o contato estabelecido, num ato sexual particularmente harmonioso, entre o nível de consciência supramental e o orgasmo propriamente dito.

Diz-se que todas as neuroses têm origem sexual. Para compreender adequadamente essa afirmação, deve-se saber que as neuroses decorrem, em parte, do fato de os centros comuns funcionarem não com sua energia própria, prevista pela natureza, mas com a energia sexual, como acabei de dizer.

E o centro sexual, normalmente não-dualista, produz o desastre: ele torna-se o campo de expressão de outras funções, com sua dualidade e suas contradições, e permite apenas um sexualidade restrita, feita de sensações localizadas enganosas e frustrantes. A totalidade do ser humano deixa de participar do ato sexual, que não oferece então nenhuma possibilidade de superação e de transcendência. Não nego que essas sensações fisiológicas possam trazer um alívio precioso. Falemos cruamente: tenho ouvido muitas confidências, como se fosse padre ou psicólogo, e conheço algumas mulheres totalmente frustradas com os homens desde há vários anos e que utilizam um pênis artificial quando um desejo demasiadamente forte as arrebata; isso lhes traz um bem-estar momentâneo. Não as condeno de modo algum. Aparentemente, não tenho nenhuma moral, a não ser a de vê-los enfim felizes de verdade, capazes de se esquecer de si mesmos para pensar nos outros. Um ser feliz pode colocar o interesse dos outros antes do seu; um ser frustrado e infeliz está condenado ao egoísmo. Desejo a todos vocês o que é grandioso, nobre, e até mesmo divino — e o realismo sem mentira no Caminho.

Embora eu de modo algum o condene, não é menos verdade que o erotismo comum não permite compreender por que os Upanixades e a metafísica em geral se referem com tanta freqüência à união dos corpos para descrever as mais elevadas realizações místicas: "... Como um homem e uma mulher ternamente enlaçados, o homem, não sabendo mais se é homem ou mulher, e a mulher, não sabendo mais se é mulher ou homem." Para descrever experiências maravilhosas de fusão, de superação e de transcendência, as escrituras sagradas não hesitam em compará-las com o ato sexual.

Eu mesmo, na época em que tinha uma atividade sexual normal mas limitada, não conseguia acreditar que a sexualidade pudesse ser uma atividade mística. Eu me sentia atraído pelas mulheres, achava isso excitante, sabia agradar, chegava a me reprovar se fizesse sofrer uma mulher por ter vontade de flertar com outra — porém, no final, tudo isso me parecia bastante ilusório. Seria aquilo divino? E, mesmo no interior de uma relação dita amorosa, eu sentia também uma decepção porque a parte negativa das minhas outras funções não estava suficientemente purificada. Uma vez consumado o ato sexual, o que restava?

Em contrapartida, se a relação sexual permitiu vivenciar um estado que transcende o mental, o mais precioso permanece depois que ela chega ao fim. A impressão de tristeza que, de modo geral, é sentida após o coito não aparece na sexualidade a que se referem os ensinamentos da Índia, que são bastante explícitos quanto a isso. O que normalmente representa uma elevação e uma realização, sobretudo para o homem (ou, para a mulher, na sexualidade clitoridiana), desemboca pelo contrário na abertura a um outro plano, ainda que isso seja muito raro. Não digo que isso não ocorra, mas as confidências ouvidas pelos que se interessam por essas questões, o que há de sério sobre o tema em livros e a minha experiência de escutar os outros permitem afirmar que é pouco freqüente. Não obstante, certas mulheres, que não têm nenhum interesse pela metafísica mas em quem não se manifestam neuroses durante a atividade sexual, fazem descrições líricas de seus orgasmos que lembram testemunhos místicos e fazem sonhar outras mulheres que nunca viveram essas experiências. De maneira geral, os homens não costumam ser tão bloqueados sexualmente quanto as mulheres, mas, em contrapartida, são muito menos capazes de uma sexualidade elevada e refinada, e um número muito maior de mulheres não preparadas do que de homens atinge estados supramentais no decorrer do ato sexual.

Pensemos agora no caso de uma mulher que padeça de um bloqueio sexual. Todo, ou quase todo, estímulo sexual, exceto em condições de segurança e de confiança excepcionais, desperta nela a excitação normal, mas, ao mesmo tempo, também desperta o vínculo com a parte negativa de um dos centros comuns (ou de dois ou dos três). Essa mulher talvez se mostre encantadora com o seu parceiro durante alguns dias, enquanto não tiver desejo sexual; mas quando a sua própria necessidade emergir, as reações negativas serão imediatamente estimuladas e seu parceiro se tornará insuportável para ela, sem que a mulher compreenda o que se passa consigo. Sua mente se apodera dessa repulsa momentânea, arquiteta um mundo, repete o passado, projeta-o no futuro, e tudo isso só agrava a situação. A mulher em questão se vê não somente impossibilitada de uma vida sexual plena e harmoniosa como também, o que é pior, sua energia desviada agrava as perturbações emocionais e mentais. Será necessário, então, que seu companheiro e ela tenham muita habilidade para recuperar a naturalidade nesse domínio.

Em decorrência desses vínculos lamentáveis, a nossa vida amorosa se torna insatisfatória. A energia sexual não é utilizada pelo centro sexual nem é transmutada, e alimenta indevidamente as outras funções. Por outro lado, esse uso da energia do centro sexual pelos centros comuns cria uma tensão, um excesso, uma combatividade, uma inutilidade que reforçarão os obstáculos à satisfação normal. Essa interação dá a impressão de um inextricável círculo vicioso.

De um ponto de vista técnico, o trabalho de vocês será, portanto, o de fazer com que as solicitações do centro sexual não desencadeiem nos outros centros reações negativas que, com efeito, não têm nenhuma relação com ele. O fato de sentir surgir um desejo sexual é justo e natural — em seguida vocês verão, no conjunto de parâmetros de sua existência, se lhe darão ou não continuidade. Não arruínem o seu destino só porque, num certo dia, um surto de desejo os submergiu, os arrebatou e os levou a atos cheios de conseqüências, e também não neguem uma necessidade sexual. Mas é deplorável, para a sua expansão nesse domínio, que uma solicitação do centro sexual os vincule com reações negativas arraigadas no inconsciente.

Logo, a questão torna-se muito precisa. Como evitar que a metade negativa do centro motor, do centro intelectual e do centro emocional, ou dos três juntos, interfira? Todo trabalho sobre a metade negativa desses centros será benéfico para a sua vida sexual e, de um modo geral, o conjunto do seu "Caminho" ajuda vocês a purificá-los. Cada vez que se esforçam para converter uma recusa em adesão ou uma contração em relaxamento, cada vez que questionam um preconceito ou uma das pretensas leis que constituem o seu mundo subjetivo, mesmo que isso, aparentemente, não tenha nenhuma relação direta com a vida amorosa, vocês servem ao futuro de uma sexualidade desenvolvida. Não digo que a vida amorosa de vocês, se vocês aceitarem sem emoção que os seus óculos se quebrem ao cair, será miraculosa. Mas se vocês adquirirem definitivamente o hábito de dizer sim ao que é, o sim terminará por impregnar a sua existência e por atenuar a força negativa dos outros centros.

Uma vez estabelecido esse hábito, as recusas infelizmente não desaparecem com tanta rapidez, de onde a necessidade de um *sadhana* bem conduzido, que pode incluir um trabalho sobre o inconsciente. Mas se pelo menos tiverem tomado consciência da força de suas reações e de sua anormalidade, vocês saberão como orientar sua tentativa e o que poderão esperar dos "*lyings*". Claro que estes terão, indiretamente, um efeito benéfico sobre a sexualidade, mesmo quando esse domínio não é abordado de maneira direta, porque ensinam vocês a abandonar os velhos temores. Porém, para agir com eficácia, é preciso que esses *lyings* venham de uma aceitação profunda. Não se trata de ficar dizendo: "Porco, porco! Papai, você é um porco." Esse tipo de ab-reações só pode ser preparatório. Os *lyings* realmente libertadores são os que culminam no sim a tudo: "Sim ao sofrimento, sim ao medo, sim ao desespero, sim à morte da mamãe quando eu tinha quatro anos, sim à cólera aterrorizante de papai quando eu tinha seis..."

Um terapeuta me deu duas fotos de uma mulher que eu não conhecia, uma delas tirada durante um *lying*, mostrando um rosto retorcido pelo sofrimento, e a outra, pouco depois da sessão, revelando um rosto a tal ponto interiorizado e luminoso que ficamos a nos perguntar se aquela mulher acabara de ter um orgasmo maravilhoso ou se estava em *samadhi*. Eu mesmo o constatei em certos *lyings* intensos que fiz no Bost. Isso só pode acontecer se houver um sim incondicional a tudo o que era em princípio causa de sofrimentos para a pessoa que revive traumas antigos e esquecidos.

Todos podem fazer a si mesmos a pergunta: Em que medida a metade negativa de um dos meus centros ainda consegue intervir? E, com relação a isso, afirmo que uma nova compreensão da nobreza da sexualidade pode ajudá-los. No estado puro de amor, de paz, de beatitude, de reconciliação que transcende as emoções comuns, há uma qualidade de "sim" que encontramos num ato sexual feliz e espontâneo, sem segundas intenções, com tudo aquilo que esse "sim" pode eventualmente comportar de erótico. E um vínculo totalmente diferente pode se estabelecer entre o sexo e o próprio coração. É por isso que alguns atos sexuais verdadeiramente bem-sucedidos trazem, não apenas no nível do sexo como também no do coração, uma impressão maravilhosa, mesmo para pessoas que não estejam voltadas para nenhum caminho espiritual, como acabei de dizer.

Essa não-dualidade semelhante do sexo e do coração, que lhes permite fundir-se se o centro sexual funcionar com a sua energia própria, explica o uso da sexualidade em certas práticas tântricas que têm por alvo ultrapassar o nível de consciência habitual. Nesse contexto preciso, as relações entre parceiros podem ocorrer fora de um relacionamento de amor conjugal duradouro. Tudo já foi experimentado pela humanidade, especialmente na Índia. Em certas práticas tântricas, que de modo algum são formas de depravação, mas continuam secretas e não são exportadas para o Ocidente, a relação sexual deve acontecer entre um homem e uma mulher que nunca se viram, a fim de que seja o homem nele que encontre a mulher nela, e vice-versa, mas sem causar reações nos outros centros.

Lembrem-se de que o desejo sexual é natural: "*It is but normal and natural.*" Um poema de Jean Cocteau que me tocou na juventude começa assim: "Se tu amas, pobre criança, não tenhas medo, é a lei universal." Seja qual for o grau de neurose de um ser, sua energia sexual não desaparece. É claro que há diferenças, sendo ela mais ou menos forte de ser humano para ser humano. Em princípio, quanto maior for a sua pulsão sexual, maior será a sua qualificação para a ioga ou para o misticismo. É por isso que os eunucos não podiam tornar-se padres nem monges. No entanto, a verdade é que, em sua maioria, os seres humanos têm um centro sexual forte, mesmo que seja reprimido, pois o centro sexual tem a particularidade de trabalhar com uma energia muito sutil. Em conseqüência, o ato sexual ou a vida sexual poderiam representar normalmente um riquíssimo "alimento de impressões".

* * *

Sejam quais forem as dificuldades no domínio sexual, encarem a verdade sem medo. Para recuperar essa espontaneidade de criança a que aspiram, é preciso neutralizar as ligações negativas que puderam se estabelecer, a começar pelas mais grosseiras, aquelas que não estão diretamente arraigadas no inconsciente, mas que pesam sobre vocês. Trata-se, particularmente, de todos os juízos de valor por cujo intermédio a sexualidade é condenada ou censurada: isso é ruim, isso é vulgar, isso é um pecado. Para contrabalançar esses julgamentos apriorísticos, vocês devem apoiar-se na assimilação de idéias novas: isso é bom, Deus está comigo, não tenho medo de sentir. O grande defeito do cristianismo histórico, e muitos teólogos têm consciência disso, consiste em ter dado muito peso a palavras de São Paulo que muitas vezes eram circunstanciais e ter simplesmente tolerado o sexo como concessão necessária para trazer crianças ao mundo.

Utilizem a certeza contrária, que pode contribuir para fazer desaparecer uma convicção errônea, mesmo que não a arranquem pela raiz por meio do *lying*. E tentem ver o que acontece, o que se levanta ainda em vocês, física, emocional ou mentalmente, para lhes sugerir: "Não, não, não se deve sentir com todo o ser." Vocês também podem orientar os *lyings* diretamente para esse tema, sabendo o que querem resgatar: "Como, não se deve? Nada disso! Meus pais eram os meus pais, minha educação católica correspondia às idéias do meu ambiente, mas o que diz a sabedoria antiga?" E, por fim, o que Cristo disse de fato? Vocês se tornarão semelhantes a criancinhas se eliminarem o que os impede de ser naturais. Uma ordem subterrânea, na expressão de Denise Desjardins, que julgo eloqüente, os intimará: "Não!" Como resgatar uma espontaneidade de criança, não em pequenas diversões, mas num jogo de adultos que pode tornar-se grandioso? Embora isso seja raro, vocês podem aspirar a uma sexualidade divina na qual essa simplicidade de criança tem um papel a desempenhar.

Cada vez que ousam reencontrar sua felicidade como crianças, mesmo fora de toda conotação sexual, vocês favorecem essa expansão que tão justamente pressentiram. Ousem ser crianças! Não infantis, mas crianças! Ousem. Foi preciso Swâmiji para que, em vez de pedir sobriamente "duas bolas de baunilha" num café, eu ousasse escolher o sorvete com creme de *chantilly*, chocolate quente e frutas cristalizadas. Eu jamais teria podido fazê-lo se não tivesse encontrado esse swâmi hinduísta: "Não se desperdiça assim o dinheiro, com doces!" Cada vez que vocês têm a audácia de se tornarem semelhantes a criancinhas, que bênção! E, para isso, utilizem a inteligência: "Não! Isso não é ruim. O próprio Cristo disse que era bom! Por que eu deveria ser mais realista do que o rei, mais cristão do que Cristo?" A inteligência pode ajudar vocês que, como eu, talvez tenham recebido uma educação religiosa.

Quando observamos uma criança brincando, maravilhamo-nos de ver a que ponto ela vive no instante presente! Ela não prevê o que acontecerá dali a dois minutos. Como é natural, pode parecer estranho falar de técnica ou de esforço para se referir ao que deveria ser espontâneo. No entanto, pode-se encaminhar para a simplicidade tentando viver de segundo em segundo o que tem uma conotação sexual: cada gesto é realizado por si mesmo e não em função da etapa seguinte. Caso contrário, o gesto não será verdadeiramente vivido na pureza e na inocência. Se uma mulher acaricia o joelho de um homem e ele pensa: "Quando ela me acariciará o sexo?", que grande erro há nisso! Vivendo na expectativa, como se o gesto não passasse de uma preliminar, vocês perdem a perfeição do instante. Ser projetado num futuro de um minuto, de dez segundos, de dois segundos basta para perder o que aquele instante pode conter de precioso.

Por fim: mais um ponto importante: a sexualidade entre um homem e uma mulher — mesmo um esposo e uma esposa cristãos que quiseram santificar seu casamento pelo sacramento da Igreja ou colocaram um ícone no quarto — deve ser completamente livre. Entre cônjuges não deve haver restrições. Certas tentativas do clero, feitas mesmo no começo do século, para determinar o que era e o que não era lícito, chegaram às raias do absurdo: eclesiásticos que nunca tinham tocado numa mulher determinavam entre si se era permitido acariciar a vagina com o dedo inteiro ou só com uma falange. Em amor, no amor, tudo deve tornar-se possível. As crianças brincam porque ousam permitir-se tudo: "VRRRRUUUMMM... sou um avião", dizem elas abrindo os braços para simular asas. Elas não se perguntam se isso é lícito ou não.

O casamento monogâmico vivido na fidelidade tem caráter sagrado também na Índia. Deus sabe que a mulher hindu tradicional é casta e pudica; ela se sentiria desonrada se perturbasse sensualmente um outro homem além do marido. Mas, nesse contexto de pudor e de delicadeza, Swâmiji dizia — e isso vale, é claro, para os dois sexos: "A mulher é para o marido tudo o que todas as mulheres podem ser para o homem: se ele está doente, ela se torna enfermeira; se ele tem trabalho e ela ajuda, ela se torna uma sócia; se ele está cansado ou triste, ela faz as vezes de mãe; se ele lhe explica certas coisas que ela não conhece, ela se torna uma filha." E Swâmiji me disse: "... *and a mistress*" — "e uma amante". Mas a outra pessoa que estava conosco ele disse: "*a courtesan*" — "uma cortesã"; e a um terceiro: "*a prostitute*" — "uma prostituta". E é claro que o homem também deve desempenhar todos esses papéis junto à esposa. A Índia que conheci não é falocrática. A mulher chega mesmo a ser divinizada enquanto mãe. E Deus é ali tanto Mãe como Pai.

Essa simplicidade de criança só é possível se vocês conseguirem convencer a si mesmos de ultrapassar todas as imagens que fazem surgir em vocês as recusas e todas as restrições. Na comunhão de corpos e de corações, só deve haver dois princípios: a espontaneidade e uma grande acolhida da espontaneidade do outro. Essa superação do que faria surgir uma recusa vem de uma decisão possível a todo discípulo, por menos avançado que seja. "Oh, não!... Oh, sim!" Mesmo "Não, você está me machucando!" pode expandir-se em "Sim! Sim! Sim!" O "machucar" em questão muda de sinal num instante — a não ser que o marido se revele de fato desajeitado e brutal, mesmo sem querer. Vocês só podem recuperar a sua própria limpidez se admitirem por completo a do outro. A espontaneidade é uma liberdade de criança, um soltar-se das amarras do mental, uma consciência ampliada, mas não uma imposição. Pode-se ser vigilante e inventivo, o que permite vivenciar um estado de graça como o da criança que brinca. Mas é necessário que cada um sinta que tudo é admissível. Imaginem que uma mulher tenha uma vontade repentina, no auge do ato sexual, de cantar. "O que é que deu em você?" Não há nada de errado nisso, talvez o homem ouse fazer o mesmo e eles terminem improvisando a melodia de um instante abençoado. "O quê? Isso não está no meu manual, lá está escrito que é preciso conhecer as zonas erógenas, que estas mudam de acordo com os tipos astrológicos, mas não se ensina em nenhum lugar que se deve cantar." Não, mas a espontaneidade não tem o que fazer com manuais de sexologia.

Trata-se de uma decisão a tomar. Só o primeiro passo é difícil: "Ouso... ousei e foi bom." Bastam o acordo e a cumplicidade entre os dois parceiros. Vocês verão como essa liberdade é mais rica que a procura de inovações eróticas: certos casais tentam saber se é mais excitante quando a mulher usa meias pretas ou quando fica só meio desnuda, se devem ou não pôr espelhos no teto ou escolher este ou aquele tipo de iluminação — medíocres subprodutos da espontaneidade. Nesses casos, o centro sexual, em vez de trabalhar com sua energia sutil, trabalha com a energia muito menos refinada do pensamento, da emoção ou mesmo do centro motor. O pensamento, com o funcionamento dualista e a lentidão que o caracterizam, intervém para inventar pretensas sofisticações. O que o centro intelectual está fazendo aqui, com imagens e lembranças que roubam de vocês o instante presente? "Isto vai ser tão excitante!" Não! Não constitui um erro em si mesmo levar em consideração certos detalhes, tais como o de sentir o toque (no caso do homem) de um determinado tipo de pijama em função de sua sensibilidade, mas isso equivale a restringir a sexualidade a um nível mais grosseiro, vinculado com as percepções e com as concepções ordinárias, que nunca têm nada de transcendente. O que é transcendente? O centro emocional superior, para falar como Gurdjieff, *anandamayakosha*, para empregar o termo sânscrito, e o centro sexual quando não está vinculado com as perturbações das outras funções. O centro sexual não precisa desses floreios que representam exigências dos outros centros. Não os condenem, experimentem um pouco, levem-nos em consideração; mas façam-no para ir além deles, porque essas coisas exilam vocês da espontaneidade e da total liberdade com relação ao passado.

Em contrapartida, se surgir um impulso que, se posso dizer assim, não esteja previsto no programa, ousem assumi-lo e vivê-lo. Nada de censura na sexualidade além do amor mútuo, isto é, além do fato de levar o outro em consideração. Ora, na sexualidade, assim como no ritual, e eu digo isso com freqüência, todos os sentidos estão envolvidos.

Lembrem-se de que três atividades aparentemente muito diferentes envolvem os cinco sentidos ao mesmo tempo: a união sexual, que comporta uma dimensão sagrada, a liturgia e a culinária, também ela sagrada para os hindus. Se ouvem um disco, vocês só usam os ouvidos; se aspiram um perfume de Guerlain — publicidade gratuita! —, vocês só recorrem ao olfato; se provam um vinho, empregam a visão, o olfato e o paladar, mas não o tato (o degustador de um bom vinho não o toca com os dedos para sentir o líquido), e o vinho não emite som algum.

Nos rituais, nos *pujas*, nos cultos, os cinco sentidos participam juntos; o incenso para o nariz; a decoração, as vestes, os acessórios, o cerimonial para os olhos; o tato também está envolvido: os tibetanos giram os moinhos de orações; os ortodoxos acariciam os ícones da igreja um após o outro ou os abraçam; os muçulmanos enxugam com as próprias mãos a lápide do túmulo deste ou daquele santo. E há sempre a absorção de um sacramento, ou de um pão bento, de uma substância consagrada ou de um líquido. Os cinco sentidos estão envolvidos ao mesmo tempo, e portanto também os quatro elementos, e a totalidade da criação.

Os orientais tiveram a audácia de dizer, chegando mesmo a fornecer detalhes bastante realistas, que, no ato sexual — *maïthuna* em sânscrito —, os cinco sentidos se acham envolvidos: o paladar, porque absorvemos a saliva do parceiro; o olfato, porque sentimos o odor das secreções masculinas ou femininas, que representam um estimulante erótico; o tato, devido às carícias e aos contatos físicos; e a visão, porque olhamos um para o outro. Portanto, a sexualidade oferece uma imensa possibilidade de passagem a um nível sensual e sensorial — e não apenas sexual — e, portanto, de descartar a mente, que nos mantém na contradição, no conflito e no tempo. O ato sexual foi comparado com uma meditação devido a essa possibilidade de eliminação do pensamento e de comunicação com os cinco sentidos aqui e agora. Essa idéia muitas vezes choca, provocando reações: "Como é? Mas não posso ver quando faço amor; é preciso fazê-lo no escuro!" Por que é preciso fazer amor no escuro? Por que vocês têm medo de olhar, de contemplar? A visão participa, mas o olfato também o faz: por que recusar um certo odor que acompanha o aumento do desejo e pode emanar do sexo de um homem, mesmo que ele tome banho todos os dias? Uma mulher sem inibição acha excitante esse odor natural. Será tão repugnante beijar o sexo de uma mulher e absorver com a boca secreções femininas?

Sei que, se falo com realismo, deixo muitas pessoas embaraçadas; trata-se, no entanto, de verdades tradicionalmente conhecidas. A sexualidade só será espontânea se a sua mente não estabelecer nenhuma proibição e, sobretudo, se não decidir de antemão como as coisas devem acontecer. Não há interdições. Dizer o contrário é falsear a realidade. Trata-se de uma mentira, dita de boa-fé. O importante é a expansão, é o "sim", que é uma palavra de amor e de não-dualidade. Não hesitem em utilizar aquilo que, de um certo ponto de vista, faz tanto mal a vocês: a predominância do intelecto sobre o sensorial e o sensual; não hesitem em utilizar a compreensão intelectual para corrigir a mente. Uma certeza da inteligência, nascida de uma visão isenta de colorações decorrentes de circunstâncias passadas, pode convencer até mesmo o coração e o corpo.

A FONTE SEMPRE PURA

Todos os ensinamentos espirituais são unânimes acerca de um certo número de pontos, entre outros, sobre a vida no presente, no aqui e agora, que implica ser livre do passado, idéia que vocês conhecem e que por certo não é exclusiva de Swâmi Prajnanpad. O que nos impede de viver à vontade, de modo natural e unificado, provém desse peso do passado. Mas o que a maioria dos ensinamentos que se apresentam sob uma forma metafísica não diz com a crueza dos fatos é que o passado é o *nosso* passado e que libertar-se do passado é libertar-se do passado pessoal de cada um. Embora isso talvez seja claro para vocês, devo dizer, arriscando-me a parecer ingênuo, que, durante anos, até o meu encontro com Swâmi Prajnanpad, eu não tinha percebido essa realidade simples: eu estava impregnado de ensinamentos que insistem nessa liberdade, na necessidade de viver o presente sem a coloração do passado — quem está livre do passado está livre do futuro —, sem compreender que o passado não tem outra realidade senão a do meu próprio passado (eventualmente, um passado que inclui vestígios de vidas anteriores, fato que não podemos negar, mas sobretudo a do passado desta vida). A descoberta para mim, junto a Swâmiji, foi a de entrar nessa verdade tão concreta — que aconteceu comigo, Arnaud, que vivi na minha própria história — com a pequena ressalva pessoal de que deixamos a espiritualidade ou a metafísica pura para entrar no que considero ser a psicologia ou a psicanálise.

Esse passado corresponde àquele ou àquela que fomos: agora, não me refiro mais a eventos, a situações, a traumas; falo de um ser humano, de uma criancinha, que se torna adolescente, jovem adulto ou jovem adulta que descobre a vida sexual e a vida profissional. E esse ser humano de outrora subsiste em vocês, com aquilo que conheceu de sofrimentos, de alegrias, de decepções e de infelicidades. Mas, repito, não quero acentuar os eventos; ponho a ênfase na criança feliz ou triste que fomos. Esse ser humano tão concreto que vocês sempre foram. Ele vive em vocês com a sua dor, com o seu medo, com os seus limites, que hoje não têm razão de ser, pois vocês são adultos e, mais do que isso, ajudados por um ensinamento de transformação pessoal.

E o que compreendi gradualmente com alguns de vocês, reencontrando sob uma outra óptica o que eu mesmo vivera junto a Swâmiji, é que uma força afirmativa que há em vocês, e de que vocês não têm consciência, se opõe à sua própria metamorfose. Todos nós temos certeza de que não queremos ser infantis. Na minha história pessoal, eu não queria mais ser um garotinho sempre atrás da mamãe e cuja vida se construía em torno do seguinte tema fundamental: fui divinamente feliz até os dois anos e perdi tudo isso com o nascimento do meu irmãozinho; busco desesperadamente a felicidade porque sei que ela existe, mas se estou persuadido de que vou encontrá-la, também sei que vou perdê-la, pois a felicidade está destinada a ser perdida. Eu não queria mais permanecer prisioneiro desses mecanismos de outrora; eu queria tornar-me adulto. Disse a Swâmiji que pelo menos dessa verdade eu tinha certeza, mesmo que ela parecesse reprimir um pouco minhas pretensões metafísicas. Porém, ao mesmo tempo que eu queria, que vocês querem, não ser mais a criança de outrora, uma força muito poderosa recusa essa mudança, recusa, vou dizer a palavra, abandonar esse pequeno ser que ainda vive em nós.

Nosso terror, não na qualidade de seres livres que assumem sua própria existência, mas na qualidade de seres dependentes, ainda infantis, é o abandono: "Minha mãe me abandonou para cuidar de um horrendo bebezinho que nasceu!" Não se trata de cometer um crime contra nós mesmos: "Nunca! O que você me pede, Arnaud, nunca! A única pessoa que não abandonou aquela criança e, mais tarde, aquele adolescente, fui eu. E você me pede hoje que seja eu quem, para me 'libertar' do passado, abandone essa criancinha que trago em mim!"

Vocês devem reconhecer com muita clareza esse ponto, para poderem compreender o que os impede de soltar as amarras e de ser, finalmente, adultos. Uma voz muito forte grita dentro de vocês: "Continuarei a proteger aquela criancinha triste, aquele adolescente mais ou menos magoado e decepcionado que trago em mim", como se houvesse aí dois seres, a criança de outrora e o adulto de hoje. A imagem da lagarta que morre para tornar-se borboleta não lhes parece aterrorizante porque voar em vez de rastejar pelo chão lhes parece algo bastante feliz. Mas a verdade do seu sentimento não é esta: vou morrer enquanto ser infantil para me tornar adulto. Se essa transformação fosse sentida apenas assim: "Não quero mais ser dependente, não quero mais ser vulnerável, quero tornar-me verdadeiramente maduro e tomar plena posse de mim mesmo", o caminho seria muito mais rápido e vocês não teriam de enfrentar semelhantes resistências em si mesmos.

Talvez vocês se lembrem de uma história que contei num dos meus livros: eu estava no *ashram* de Swâmiji no dia em que completei quarenta e dois anos e uma pessoa chamada Nandakishore me perguntou: "O que você gostaria de receber como presente de aniversário?" Certo dia, fiz essa pergunta a Sumongal, que festejava seus quarenta anos ao lado de Swâmiji, e ele me respondeu: "Como presente de aniversário, eu gostaria que, nos meus quarenta anos, eu tivesse de fato quarenta anos." Essa história me tocou a tal ponto que tive vontade de contá-la a Swâmiji no início da minha conversa com ele. E senti-me imediatamente sufocado e prorrompi em soluços: era insuportável. Insuportável que, por ter quarenta e dois anos, eu tivesse tão pouco quarenta e dois anos. "Onde está mamãe, onde está mamãe?" Dito isso, nessa época eu me afirmava com facilidade na vida e não gostaria de oferecer a vocês uma imagem ridícula do produtor de televisão que eu era então e que parecia, pelo contrário, tornar-se muito mais adulto. Compreendi, de súbito, diante de Swâmiji que, aos quarenta e dois anos, eu desejava simplesmente ter na verdade dois anos. Ter aos quarenta anos realmente quarenta anos significa que a criancinha enternecida com quem vivi todas as idades da minha vida, com quem fui à escola, ora alegre ora triste, que sonhava mundos e fundos aos quatorze anos e que chorava aos vinte porque uma garota o recusou, não existe mais. Eis o que é insuportável. É claro que não posso ao mesmo tempo ter plenamente quarenta anos e guardar em mim com ternura aquela criancinha para que eu mesmo a console, como se coubesse a mim cuidar dela e protegê-la.

Tentem lembrar-se de como foram levados, ainda jovens, a se tornar um consolador para si mesmo, um companheiro, quando estavam sós, a acolher-se em seus próprios braços, a se dobrar sobre si mesmos. Vocês foram obrigados a se ocupar de si mesmos, ainda bem pequenos, porque papai e mamãe tinham ido ao cinema, deixando-os sozinhos em casa: papai e mamãe não se interessam por mim. Quanto a essa emoção de abandono — vou me ver sozinho, vou ser traído —, o fato de se tornarem adultos significa para vocês que vocês mesmos abandonarão e trairão a criancinha que trouxeram em si mesmos até hoje. Há, portanto, uma força muito poderosa que recusa essa metamorfose. Abandonar o passado, virar a página, ter de fato a idade que se tem, é não ter mais seis, não ter mais doze, não ter mais vinte anos. Tentem sentir o que digo. É como se lhes fosse pedido o crime dos crimes: abandonar — *bye bye*, adeus, acabou, deixo você sozinha — essa criancinha solitária. Ao lado de sua aspiração legítima de não continuar sendo um adulto infantil, com tudo o que isso representa de egoísmo, de dependência e de incapacidade de dar, vocês têm a impressão insuportável de que lhes é pedido para dar o golpe de misericórdia no pequeno garoto triste, depois no adolescente idealista e infeliz, e, por fim, no adulto que, mais tarde, levou golpes em sua vida profissional e sentimental.

Tenham bastante consciência dessa impressão de que irão trair aquele que trazem em si, pois ela é falsa. A própria lei dessa criancinha é crescer para tornar-se adulta, e os traumas, as mágoas mal vividas impediram esse crescimento. É preciso que vocês sintam de uma maneira exatamente inversa: o maior ato de amor que posso fazer por essa criancinha é ajudá-la a crescer, realizar sua própria aspiração. Não sou eu que exijo tornar-me adulto em detrimento da criancinha que ainda vive em mim, caso em que eu teria a impressão de que sou eu que a rejeito sem piedade; é a própria criancinha que tem por meta e por razão de ser tornar-se adulta. E o melhor presente que posso dar a essa criança que chora ainda no fundo do meu coração é dizer-lhe: você poderá se abrir, se expandir, você cumprirá sua própria lei. Invertam por completo a falsa compreensão dessa verdade segundo a qual a criança "morre" para que o adulto se revele, como a lagarta deve morrer para que a borboleta se revele. Isso parece a vocês, e com razão, tão cruel quanto a morte do touro na arena: "Há quarenta anos procuro consolar essa criança por todos os meios, encontrando uma mulher apaixonada por ela, oferecendo-lhe um público que a aplauda, dando-lhe as satisfações que o dinheiro proporciona; tenho-me ocupado dela como posso e agora você me pede que a apunhale como um toureiro golpeia o touro? Impossível!"

Enquanto essa convicção for todo-poderosa em seu subconsciente, vocês resistirão com todas as forças à sua própria maturidade. Recusar-se-ão a virar a página do passado como o exigem todos os ensinamentos espirituais, porque não concordam em cometer um crime contra aquilo que lhes é mais caro, contra uma criança que só vocês nunca traíram e que só vocês sempre amaram. Invertam essa perspectiva. Não se trata do triunfo do adulto sobre a criança que há em vocês; é o triunfo da criança que se expande e que se une a vocês enquanto adultos.

Não há caminho de evolução que não lhes peça para virar a página do passado. Se não o fizerem, vocês nunca se tornarão sábios, mas velhos infantis, mulheres ou homens que murcham sem nunca ter desabrochado. É preciso que vocês se unam a essa garotinha ou a esse garotinho magoados, a esse adolescente sensível, vibrante, pronto a se entusiasmar com a mesma rapidez com que se desespera, "há anos você quer crescer, há anos quer se expandir e desabrochar, anos durante os quais a pequena semente quis se tornar uma grande árvore. Vou lhe dar isso". Não é a morte da lagarta para libertar a borboleta, mas o triunfo da lagarta. É por amor ao garotinho ou à garotinha que trazem em si que vocês os levarão ao seu próprio desenvolvimento. "Eu lhe dou a sua apoteose; você poderá tornar-se grande, viver e amar; você está destinado a isso: a mente e as feridas o impediram de crescer e, agora, eu mesmo retiro o que bloqueia o seu desenvolvimento." Façam isso pela criança que ainda trazem no coração.

* * *

Podemos realisticamente deixar de tentar o impossível, mas voltar à necessidade que todos os ensinamentos proclamam: ser livre do passado. E quando não há mais o peso do passado, também não há mais futuro. As preocupações, os temores com relação ao futuro não passam de prolongamento do passado. Eu interpreto, prevejo esse futuro em função do passado e, se estou livre do passado, não apenas não o projeto mais no presente como também deixo de projetá-lo no futuro. Ser livres é viver plenamente no presente, livre do passado de vinte anos e do passado de dois segundos, livre do futuro de cinco anos e livre do futuro de dois segundos. Não procurem libertar-se do futuro: a libertação com relação ao futuro se faz por si mesma, quando o passado já não pesa sobre vocês.

Todos têm um passado, um tibetano tem um passado, assim como um hindu e um monge zen que entra no mosteiro aos vinte e cinco anos, e esse passado corresponde a um passado geral mais ou menos comum a todos. Mesmo com uma mente relativamente normal e sadia, todos vocês conheceram alegrias, tristezas, distinguiram entre o que amaram e o que não amaram, dividiram o mundo entre o bom e o mau. No entanto, além disso, trazem um passado particular: um de vocês foi psicologicamente assassinado pelo pai porque este um certo dia teve um terrível ataque de cólera; outro foi abandonado pela mãe, que o entregou a uma ama de leite; outro ainda ficou órfão aos cinco anos. Trata-se do passado particular que trazemos à superfície no *lying* ou na psicoterapia.

Ora, nem todos os discípulos envolvidos num caminho espiritual fazem *lyings*; nem todos se estendem para reencontrar, com sua carga afetiva, o que viveram outrora; nem todos praticam o "grito primal", nem a ab-reação própria das etapas iniciais da psicanálise de Freud. No entanto, todos, sem exceção, procuram emancipar-se do passado. Logo, para essa libertação, não recorram apenas ao *lying*, ainda que Swâmi Prajnanpad o tenha posto à nossa disposição no âmbito de um *sadhana* completo. Utilizem tudo o que pode lhes ser proposto e o que lhes é acessível. Não falo de métodos interessantes em si mesmos, mas que nada têm que ver com vocês. Não me dirijo agora àqueles que querem fazer o retiro de três anos entre os tibetanos ou que vão viver num mosteiro zen e sentar-se em zazen durante várias horas por dia.

Sem dúvida, parece extraordinário que um caminho espiritual como o de Swâmi Prajnanpad, que se baseia nos Upanixades e na Ioga-Vasistha, proponha a vocês integrar coisas que têm o seu valor na psicanálise ou nas terapias modernas. E, em sua maioria, aqueles que fizeram *lyings* pensaram tratar-se *do sadhana* (no singular) para se libertar do passado. Não. Pode-se conceber, e o tenho dito muitas vezes, todo o ensinamento de Swâmiji sem o *lying*. Em primeiro lugar, o próprio Swâmiji jamais fez *lying*.

Em segundo lugar, não é Swâmi Prajnanpad o seu guru, mesmo que isso seja lamentável para vocês; é Arnaud. Ter Swâmiji como guru é ter Swâmiji diante de nós, desafiando-nos, acolhendo-nos em nossas contradições e atacando sem piedade a nossa mente, ao mesmo tempo que permanece cheio de amor pelo nosso ego, um amor infinito. Ora, o que aos poucos compreendi, e que com freqüência partilhei com vocês, é que não houve apenas Swâmi Prajnanpad na minha existência; houve Ramdas e Mâ Anandamayi; houve os grupos de Gurdjieff e a ioga, assim como houve os rimpoches tibetanos e os pirs sufis. Portanto, pratiquei muitas diferentes formas de meditação, que, se não me levaram até a raiz da mente, mesmo assim tiveram o seu papel. Só encontrei Swâmi Prajnanpad depois de dezesseis anos de diversos *sadhanas*; é claro que, sem Swâmi e sem os *lyings*, não sei onde eu estaria hoje, mas eu já realizara, antes de tê-lo encontrado, todo um trabalho que ele não precisou me levar a fazer e a que dei continuidade por mim mesmo: por exemplo, cada vez que tinha ocasião, o hábito de voltar a uma postura correta, o relaxamento das tensões físicas sobre o qual se insistia nos grupos de Gurdjieff, as respirações que eu praticara na ioga, embora não meditasse mais sistematicamente, todos os dias. Logo, não é apenas a partir de tudo o que vivi com Swâmi, mas também a partir do conjunto do meu próprio caminho, que posso me situar hoje diante de vocês e, eventualmente, ajudá-los.

Se hoje reintroduzi as meditações em Font d'Isière, fiz isso para fornecer a vocês um ponto de apoio sólido e uma ajuda nesse trabalho de libertação com relação ao passado. Para alguns, essas duas meditações cotidianas foram uma maravilha, como se eles sempre as estivessem esperando. Outros tiveram dificuldades, acharam essas meditações difíceis e tiveram a impressão de que isso não fazia parte do caminho de Swâmiji: "Você não fala disso em *Les Chemins de la Sagesse,* e chegou a escrever no terceiro volume de *Les Chemins de la Sagesse* que a meditação era um estado que vinha por si quando os obstáculos à meditação eram removidos." *Vasanakshaya* e *chitta shuddhi* correspondem precisamente à erosão dos obstáculos à meditação, de tudo aquilo que nos faz pensar em outra coisa ou que não conseguimos manter no lugar. Com efeito, as meditações como as que lhes proponho estão ligadas ao meu caminho, à minha compreensão pessoal, ao meu *sadhana* junto a Swâmiji e à síntese que foi se formando gradualmente a partir daquilo que recebi das diferentes tradições das quais me aproximei.

É preciso não se esquecer de que é graças ao que costumamos denominar meditação (da qual pouca coisa se compreende antes de praticá-la efetivamente) que os discípulos zen e os iogues tibetanos ou hinduístas se libertam do passado, sendo que o ponto em comum é a imobilidade e a postura, que parecem bastante semelhantes em todos os caminhos. Num momento ou em outro, todas essas técnicas recorrem à respiração: expiração profunda centralizada no *hara, pranayama,* diminuição do ritmo respiratório, suspensão da respiração. No Monte Athos, por ocasião da hesicasma, a tradição mística ortodoxa, a respiração acompanha a prece centralizada na repetição do nome de Deus. E se houve quem censurasse os monges do Monte Athos por "se fixarem no umbigo", foi justamente porque os exercícios que insistem na respiração no ventre foram mal compreendidos.

Swâmiji dizia: "Comer é uma função da vida; a respiração é a própria vida." Essa respiração, quando acompanhada de um abandono na expiração e de uma dilatação do peito [na inspiração] pode tornar-se infinita. Trata-se do próprio movimento da vida, de uma renovação na qual morro a cada expiração para ser recriado a cada inspiração. E temos a possibilidade de prosseguirmos com esse movimento natural que não cessa porque respiramos mesmo dormindo, mesmo desmaiados.

Mas em que sentido as práticas da imobilidade e da respiração podem ajudá-los a se libertar do passado, do seu próprio passado? Quanto a isso, vou lembrar uma verdade que não descobri e que certos cineseterapeutas conhecem bem: o passado se acha inscrito na nossa respiração; nossa respiração é marcada pelo nosso passado. No decorrer de nossa própria história, nos comprometemos, cada qual à sua maneira, com o movimento tão belo da respiração, do sopro — Deus sopra sobre a argila para criar o homem. Permitam-me dar mais um exemplo pessoal, referente ao retorno à consciência do rosto desfigurado de minha própria mãe quando eu tinha dois anos. Nas poucas notas que tomei em inglês, está a frase "*Vision of nightmare, my mother has been changed*", "Visão de pesadelo, minha mãe foi transformada". Revi num *lying* esse rosto, atroz para a criança que eu era, da minha mãe algumas horas depois do nascimento do seu segundo filho agarrado ao seu seio, que me olhava sem me ver e que não mais reconheci. Eu ficara, literalmente falando, sem fôlego. O retorno desse trauma foi precedido por três *lyings* marcados pela dificuldade de respirar no decorrer dos quais pensei que fosse morrer sufocado. Lembrem-se de que a natureza faz as coisas muito bem: no momento em que eu ia de fato ficar sufocado, a respiração voltava por si mesma. Até então, eu soprava dois litros e meio no espirômetro, o que é muito pouco e muito humilhante para um garoto; eu era incapaz de expirar, tinha o peito oco e uma espécie de tique respiratório que me obrigava a retomar o fôlego a cada quatro ou cinco minutos. Afora isso, eu era normal — e ainda mais aos quarenta anos, quando gostava muito da vida de aventura que levava e que me fazia respirar bastante quando cruzei o Afeganistão, o Himalaia e a Índia. Esses *lyings* marcados pela dificuldade de respirar por certo me ajudaram muito; mas se vocês praticarem a volta a uma respiração ampla na meditação, isso poderá libertá-los do passado bem mais do que acreditam.

Nem todos respiram voluntariamente; a respiração é feita pelo diafragma e pelos músculos torácicos, e estes últimos recebem do inconsciente "ordens subterrâneas" que os impedem de funcionar normalmente. Eles terminam, assim, por se esclerosar, como os músculos que nunca utilizamos; se permanecermos estirados durante um ano, teremos muitas dificuldades para andar quando pudermos levantar. Como os músculos da caixa torácica perdem sua plena capacidade, se enrijecem e se atrofiam, a respiração dos seres humanos, em sua maioria, é muito comprometida; e a meditação segue o sentido de um retorno à verdade da respiração. Mesmo fora de uma civilização tão pouco espiritual como a nossa, todo japonês, todo tibetano, todo hindu, tanto antigamente como agora, teve uma infância e passou por certas perturbações da função respiratória, talvez menos graves que as nossas, associadas com o passado.

A vitalidade de uma criança está ligada à respiração. A criança tem uma força vital e uma espontaneidade imensas: ela corre, desce, sobe dez vezes seguidas numa poltrona, salta, volta a subir na poltrona, salta novamente — de modo gratuito. É claro que é necessário um mínimo de educação. Ora, quando se contraria uma criança, atua-se sobre a sua respiração e, em especial, sobre uma função importante para a criança, que é a de chorar e de gritar. Ela se joga no chão, ela chora; negamos-lhe uma coisa e ela chora; um garotinho a empurra e ela chora. "Pare de chorar" ou "Pare de gritar!" A criança que fomos só conseguiu parar de chorar ou de gritar bloqueando sua própria respiração. Uma criancinha que chora com grandes soluços só pode bloquear seu choro e seus gritos reprimindo sua respiração até torná-la um insignificante sopro curto. Quando a criança começa a soluçar para chamar a atenção, é inevitável que depois de algum tempo os pais exijam que ela pare de chorar, e a criança, temendo que os pais se zanguem ou por amor a uma mamãe bem-amada que lhe suplica que se contenha, bloqueia a respiração. Tentem reencontrar essa criança triste em vocês e depois peçam que pare de chorar. Vocês verão que durante um minuto não conseguirão respirar convenientemente.

O que procuramos na meditação é, pouco a pouco, devolver à respiração sua naturalidade, torná-la outra vez capaz de ex-primir, isto é, de projetar para fora; exprimir não consiste apenas em gritar na terapia; o fato de expirar também é uma expressão. Se bloqueiam a respiração, vocês têm a tendência para fazê-lo sobre a inspiração, centrados no alto do peito e com o ventre recolhido, com todas as tensões que isso representa. O abandonar-se, tão bem descrito por Karlfried Graf Dürckheim em *Hara,* supõe descer outra vez ao próprio ventre e conceder de novo à expiração toda a sua amplitude. Vocês podem reeducar a respiração por meio de certas práticas que completarão e enriquecerão o que o *lying* lhes tiver oferecido. Não se privem dessa ajuda, pois a respiração não traz somente ar para o corpo físico; ela também leva o prana para o corpo sutil (*sukshma sharir*) e o sopro do Espírito Santo para o corpo causal (*karana sharir*); ela nutre os três corpos, inclusive *anandamayakosha.* A respiração é a função sagrada por excelência, e é por isso que os místicos dão tamanha importância ao sopro.

Ora, nossa respiração foi comprometida pelo nosso passado pessoal. Ser prisioneiro do passado equivale a respirar mal; ser livre do passado permite respirar normalmente, naturalmente, como um bebê não traumatizado que dorme em paz e cujo ventre vemos inflar e contrair. Dürckheim diz de maneira magnífica em seu livro que a descida ao *hara* permite que aceitemos com facilidade muito maior os choques da existência, mantendo a equanimidade diante das boas e das más notícias. Os exercícios respiratórios os ajudam a libertar-se do seu próprio passado. A criança que vocês talvez tragam em si é em geral um pequeno ser magoado e frustrado — os colegas zombaram dele na escola, ele acreditou ter sido abandonado pela mamãe, ele não se sentiu compreendido pelo papai — e já não é capaz de respirar bem. Permitam-me apresentar a seguinte fórmula: o adulto infantil não sabe respirar, e o adulto digno desse nome respira livremente; o adulto infantil padece de uma respiração deformada, bloqueada, e o adulto reencontrou uma respiração natural.

Mais um ponto: a respiração está ligada a uma função eminentemente importante mas, com freqüência, perturbada, que é a sexualidade. Frédérick Leboyer, que estudou a fundo a respiração, fez observações a respeito da semelhança entre o ato de respirar num parto vivenciado na reunificação (que representa uma grande experiência para a mãe) e num ato sexual. A maioria dos *pranayama* da ioga, que incluem tanto respirações longas como respirações curtas, está presente no ato sexual completo, principalmente na mulher. Seja como for, vocês podem reconhecer que há uma ligação entre a respiração e a função sexual.

Embora não seja pediatra, pude observar a que ponto crianças, garotinhos ou garotinhas perfeitamente normais podem tocar seus órgãos sexuais com alegria. Alguns pedagogos chegaram à conclusão de que não se deve intervir, e estou certo de que têm razão. É claro que parece estranho ver uma menininha de três anos afagar seu pequenino sexo com um ar de alegria. Nem todos os pais e mães refletiram profundamente a esse respeito e é provável que muitos dentre vocês tenham tido uma sexualidade infantil reprimida pelos educadores — o que contribui para deixar marcas na respiração. A maioria dos adolescentes se masturba, e a masturbação, se deixarmos que siga o seu curso natural, causa uma modificação da respiração.

Escutem-me de coração aberto. Não é porque sempre procuramos manter as aparências que certas realidades menos prestigiosas do que a meditação não existem. Não permitimos que as coisas sigam seu curso natural porque há quase sempre uma proibição gerando culpa, quer nos tenham dito com todas as letras, quer tenhamos percebido sozinhos. Por outro lado, muitos meninos e meninas dormem no mesmo quarto com o irmão ou a irmã, ou num quarto de pensão, e muitos adolescentes masturbam-se refreando por completo todas as manifestações respiratórias possíveis para que o irmão, na cama ao lado, não possa suspeitar de nada. Talvez esses detalhes lhes tragam incômodo. Se for esse o caso, está provado que algo do assunto se refere a vocês. Uma certa sexualidade infantil mais ou menos reprimida, seguida de uma sexualidade adolescente mais ou menos mal vivida, contribuem para criar uma desconfiança com relação à respiração, que aprendemos a refrear tal como o fizemos na primeira infância, para não chorar porque papai ou mamãe exigiram isso de nós, severamente ou com muita gentileza. Portanto, mesmo para os que praticam uma ioga que preconiza a abstinência de relações sexuais, há um vínculo entre a simplicidade natural de nossa relação com a sexualidade e com a respiração. Quer tenhamos uma vida sexual um tanto comprometida porque não reencontramos a espontaneidade da respiração, quer sejamos um iogue abstinente, a meditação na qual a respiração desempenha um papel preponderante nos faz voltar a ser naturais.

À primeira vista, a postura de meditação, em sua dignidade hierática, parece-nos artificial, e julgamos mais naturais as posturas que o nosso corpo assume mecanicamente. No entanto, é nessa postura de imobilidade que vocês conseguirão gerar um retorno à natureza e voltar a ser vocês mesmos. Primeiro ser naturais para então aspirar ao sobrenatural. Reconciliar-se com a respiração é algo que só se pode fazer aceitando a presença do centro sexual que há em nós, e que é o centro da criatividade tanto para o iogue que vive na castidade como para o homem e para a mulher que tenham uma atividade sexual que eu desejo que seja rica para todos.

Lembrem-se: criação, criatividade, procriação. Um ser que não está livre do seu passado não é criador ou é neuroticamente criador. Todo ser humano é chamado a ser criativo; isso não está reservado aos artistas que compõem sinfonias ou pintam quadros. E, como vimos, a criatividade utiliza a energia sexual seja para gerar um filho, para procriar o homem novo em nós ou para criar uma obra de arte.

Existe, pois, uma relação entre os bloqueios do passado, a respiração, a facilidade com a qual assumimos a função sexual e nossa capacidade de ser inovadores. E há uma diferença radical entre a criatividade e a agitação: vocês podem ser ativos, fazer inúmeras coisas e, no entanto, não criar coisa alguma. Por exemplo, de um certo ponto de vista, o pensamento é criador de conseqüências mentais em nós; ele gera um carma, pode causar perturbações, mas nada cria; ele só se torna criativo no momento em que se concretiza na mão do escultor ou do pintor. Um dançarino é criativo mesmo que não reste coisa alguma de sua dança quando ele acaba de dançar. O fato de criar não significa apenas que uma obra concreta venha a subsistir.

Podemos fazer um número enorme de coisas sem ser criativos. Vocês podem ser os inventores da bomba atômica, mas isso não significa que sejam criativos. O que parece muito cruel em certas vidas profissionais é que a pessoa não se sente criativa embora trabalhe bastante: "Escrevi cartas à máquina, mexi com a papelada, telefonei ou participei de reuniões, aumentei minhas vendas de borracha no mercado de Manila, de Paris e de Tóquio, sou um grande homem de negócios, mas a minha vida se repete dia após dia." Em contrapartida, se cultivo quatro pés de tomate em meu jardim, o aparecimento e o crescimento dos tomates são bastante visíveis e, com eles, participo da renovação da existência. A espontaneidade, no sentido hinduísta da palavra, equivale a ser criativo durante todo o tempo.

Somos particularmente criadores na medida em que ajudamos outra pessoa a tornar-se ela mesma. Criar não consiste somente em trazer ao mundo uma criança; supõe, igualmente, dar-lhe educação; a atitude da mãe é criadora porque, de um bebê, ela fará uma criança crescida e, portanto, um futuro adulto. Ora, o sofrimento dos seres humanos hoje é o fato de eles não mais "dançarem a sua vida", na bela fórmula de Maurice Béjart. Um artesão pode se sentir criador quando nascem de suas mãos grelhas de ferro forjado ou vasos de cerâmica, mas a maioria dos trabalhos de escritório, mesmo no escalão das decisões importantes, não é sentida como uma expressão jubilosa do nosso impulso vital num mundo sempre novo.

A criança passa o seu tempo inventando: ela faz tortas de areia, brinca gratuitamente, a vida jorra em profusão pelo seu ser. Uma criança cujo desenvolvimento foi prejudicado resultará mais tarde num adulto esclerosado, num morto-vivo alienado de suas raízes. Com muita freqüência, a criança que existe em vocês perdeu sua riqueza primeira. Bloqueada em sua maturação, ela os impede de ter interiormente a idade do seu estado civil. Será portanto necessário reeducá-la pouco a pouco para levá-la à plena condição da idade adulta. E a respiração bem vivida na meditação contribuirá para devolver a vocês a criatividade interior, bem como para reconciliá-los completamente com a energia sexual, criativa por excelência, que, para a maioria de vocês, permanece associada com distúrbios.

* * *

Ser prisioneiro do passado — vocês concordarão comigo — é não estar completamente vivo. Se estivéssemos completa e integralmente vivos, a criança teria desaparecido de modo harmonioso para dar lugar ao adolescente, que teria cedido o posto ao jovem adulto, e este teria sido substituído pelo homem maduro; e, assim, terminaríamos a vida na beleza, tal como Ramdas, que, aos oitenta e dois anos, causava inveja a todos com sua luminosidade e sua radiância.

Se vocês freiam sua evolução, a causa é medo de envelhecer, se é ainda a criança, e portanto o passado, que reina em vocês; vocês não apenas não são mais criativos como não estão realmente vivos. A vida é um movimento, *a process*, como se diz em inglês, uma dança, um fluxo ininterrupto, e ser prisioneiro do passado é estar sob o domínio de um certo número de bloqueios que entravam a vida em nós. Esses bloqueios podem ser percebidos fisicamente; a energia não circula mais e somos incapazes de vibrar com ela, de seguir a corrente da vida; em uma palavra, de nos expandir.

Onde ocorrem em nós esses enrijecimentos? Quanto mais vida houver, mais flexibilidade haverá; quanto menos vida houver, mais enrijecimento haverá. Os ramos de uma árvore viva são flexíveis; os de uma árvore morta quebram-se facilmente. Um ser vivo pode se mover; um morto é tomado pela rigidez cadavérica. Quanto mais intensa for a sua fluidez, mais vivos vocês serão. Do mesmo modo, sintam-se belos, imperiais, na postura de meditação, mas não se sintam de pedra como uma estátua de Buda ou de um faraó, porque, nesse caso, vocês estarão mortos.

O *lingam* de Shiva, o falo, o sexo do homem em ereção rígida e dura, não pode ser símbolo da vida, pois tudo o que é rígido e inflexível é contrário à vida. Embora a literatura hinduísta apresente abundantes imagens poéticas que dão a entender que o membro viril é fonte de vida, "o sexo em ereção de onde emerge a fonte do esperma", a atitude verdadeiramente viva é a atitude feminina, e não a masculina.

A atitude masculina agressiva nos aliena da vida. Ora, no mundo atual, como eu já disse tantas vezes, até mesmo as mulheres tentam ser masculinas, e os homens temem a feminidade em si. E a meditação consiste em recuperar essa feminidade em nós, sejamos homens ou mulheres. Na meditação, tornamo-nos femininos; trata-se da "consciência-taça" de Dürckheim que acolhe, como o Graal recebeu o sangue do Cristo, e não a "consciência-flecha", que aponta para o seu alvo. No interior da postura bem mantida, que dá uma aparência de rigidez, vocês voltam a se tornar flexíveis, fluentes como o gelo que volta a ser água e escoa com o rio até o oceano. Vocês não podem se fundir com o brahman — ou com um outro ser humano, se sonham com um amor perfeito — conservando ao mesmo tempo sua própria forma limitada.

O papel das psicoterapias é, certamente, fazer desaparecer tudo o que bloqueia a vida, a fim de lhe permitir que volte a fluir: deixamos assim que se exprimam os gritos que retivemos ou o choro que tivemos de reprimir. Se o *lying* ocupa tão harmoniosamente o seu lugar no ensinamento do Vedanta, isso se deve ao fato de supor um deixar-se levar que nos devolve a nossa fluidez. Alguns de meus leitores, que praticam com seriedade o caminho tibetano ou o zazen, ficaram desconcertados diante da idéia desses *lyings*, o que lhes deixou com a impressão de que Swâmi Prajnanpad não era um guru. Eles não perceberam — ou Denise Desjardins e eu não soubemos transmiti-lo à opinião pública — a riqueza do *lying* no quadro do ensinamento global de Swâmiji. No *lying*, vocês resgatam a fluidez, mas também na meditação, mesmo que controlem em vez de exprimir. Ou, melhor ainda, em postura sentada, ex-primimos pela respiração, sentindo que nos esvaziamos pouco a pouco, na expiração, dos velhos apegos, *samskaras e vasanas*, que secam e evaporam. Não contem unicamente com as revivescências espetaculares para que a vida lhes seja novamente concedida e para se libertarem do passado. Reencontrem, aqui e agora, a vida em si mesmos.

Conhecemos os bloqueios: um acontecimento foi de fato doloroso, defendi-me do meu sofrimento, tentei negá-lo, sofri por sofrer. O sofrimento em que nos debatemos envolve uma atitude passiva, embora isso pareça paradoxal à primeira vista. Ele é suportado e nos põe na posição de vítimas. E algumas pessoas se instalam nesse estágio. Qualifica-se freqüentemente a atitude passiva como feminina, mas prefiro dar à palavra feminino o sentido de um valor precioso e não de uma imperfeição. Refiro-me a uma forma perniciosa de bloqueio: sofro, recebo golpes, contraio-me, mas não sou adulto no meu sofrimento, não o assumo e sou incapaz de ultrapassá-lo para livrar-me dele — algo que só se realiza por meio da aceitação, do não-conflito, da não-dualidade.

Outros procuram ser ativos. Eles se debatem da mesma maneira em seu sofrimento, mas em vez de ser vítimas tentam golpear o adversário, e sua recusa se exprime sob a forma de cólera ou de agressividade. Se certos seres nunca se encolerizam, isso não significa que sejam sábios, mas que continuam bloqueados na atitude da vítima. A criança cuja espontaneidade ainda não foi reprimida grita para sua mamãe "vou te matar" se esta lhe recusa um terceiro doce, e joga seu brinquedo nela; ou então, como fazem as crianças empanturradas com as emissões da televisão, "pam!", apontando dois dedos na direção de papai, porque, nos filmes de faroeste, basta um "pam" para que o adversário seja eliminado.

Alguns não ousam explodir de cólera, o que era o meu caso na juventude; naturalmente, de tempos em tempos "a coisa explodia", mas eu raramente me deixava arrebatar e achava isso bom, e mais ainda quando descobri os ensinamentos espirituais. Porém, na verdade, eu simplesmente me estabelecera no nível da vítima: "Meu irmão é o grande vencedor, eu sou a vítima; a existência me dá golpes e eu os recebo." Outros, pelo contrário, instalam-se no nível da cólera, estão "o tempo todo prestes a explodir", mas também se trata de um bloqueio. Nenhuma dessas duas reações é superior à outra: ser vítima, assim como ser dominado pela cólera, é permanecer escravo do passado. Aqueles que exteriorizam a sua cólera e terminam por ver adversários em toda a parte estão predispostos às doenças brutais, ao infarto ou à hemorragia cerebral; aqueles que adotam uma atitude resignada e passiva estão sujeitos com mais facilidade às doenças de evolução lenta, como os reumatismos e o câncer. Ora, uma natureza irascível que não admite que lhe pisem nos calos e passa com rapidez ao ataque é tão rígida quanto uma natureza triste instalada na atitude de vítima. Em ambos os casos, a vida deixa de circular livremente. Às vezes, uma verdadeira cristalização se produz na base do medo e da neurose, tornando necessário destruir essa falsa estrutura. A meditação acompanhada de uma respiração consciente — sem levar em consideração os demais aspectos da meditação — permite que vocês recuperem pouco a pouco uma vida mais profunda que a das personagens da vítima coberta de golpes ou do indivíduo dominado pela cólera, que tenta dar golpes para se proteger do sofrimento. Porque, não além, mas aquém de toda essa estrutura que é fruto do passado e impede vocês de ser criativos, a própria vida permanece eternamente intacta, mesmo que a constituição do nosso psiquismo nos afaste dela cada vez mais.

A boa nova reside no fato de que, aquém desses bloqueios, não só a instância última, o *atman*, permanece eternamente não afetada em vocês, mas também a vida, ou, se preferirem, a energia (*atmashakti*). Se o absoluto lhes parece um tanto distante, saibam que a vida, a vitalidade, que continua a fazer vocês respirarem apesar dos bloqueios da respiração, permanece eternamente intacta. Ela é renovada a cada momento e nada pode contaminá-la, como uma fonte que não cessaria de jorrar pura, mas que seria de imediato poluída se entrasse em contato com sujidades que lhe são estranhas.

Um trecho de Teresa d'Ávila me deixou maravilhado; ela se dirigia aos conquistadores que eram, em sua época, a glória da Espanha: "Aventureiros, ó conquistadores das Américas, ao preço de esforços maiores do que os vossos e de sofrimentos maiores do que os vossos, descobri um mundo sempre novo porque eterno. Atrevei-vos a me seguir *e vereis.*" Essa pequena mulher ousava interpelar os heróis que traziam barris de ouro do Peru para a corte espanhola. Esse mundo sempre novo e eterno — retornemos à sobriedade da nossa existência, nós que não somos Teresa d'Ávila — é vivenciado como uma fonte de vida que não cessa de jorrar em nós ou, se preferirem, como o feixe de luz de um projetor que emana eternamente transparente da lâmpada e que, passando depois pelo filme, se vê colorido quando atinge a tela. A meditação não é somente a busca em si mesmos do indizível, do além de tudo; é uma maneira de religá-los a essa fonte de vida dinâmica, perpetuamente intacta, que há em si mesmos, mas que vocês só percebem filtrada pela mente, pelos *koshas*, o conjunto das identificações. Seja qual for sua prisão no passado, a vida em vocês nunca foi afetada, a cada segundo ela é perfeitamente nova e espontânea, e a meditação os ajuda a encontrá-la.

Muitos fazem uma idéia da meditação inspirada pela imobilidade da postura e por termos como *atman*, absoluto, o Não-manifesto, identificando-a com a busca exclusiva de um silêncio semelhante a um lago sem ondas devido à ausência de vento. Quando um lago é agitado pelo vento e pequenas vagas se formam em sua superfície, as águas perdem a transparência e não vemos mais o fundo. Se o lago volta completamente à calma, suas águas voltam a ser límpidas e claras, e, nessa transparência, vejo nadar os peixes. Se o seu espírito está em repouso, sem aquilo que na ioga se chama as *vrittis* de *chitta* (as pequenas ou grandes perturbações do psiquismo), a realidade em torno de vocês torna-se transparente e vocês têm acesso àquilo que nunca pode ser definido em palavras: a profundidade última da realidade. Portanto, representamos a meditação, e de um certo ponto de vista isso é correto, como o absoluto do silêncio: a própria respiração se desacelera, advêm espontaneamente retenções do fôlego e descobrimos a consciência libertada de todas as formas, o espírito vazio comparável ao céu azul e ao espaço infinito.

Essas imagens são verídicas mas os tornam cegos a uma verdade primeira com a qual todos se familiarizariam com muito mais facilidade do que com o Vazio, esse Infinito que não faz de imediato parte de suas preocupações. A meditação não é apenas a busca do Não-manifesto em vocês; é também a busca da manifestação ou da dança de Shiva em sua fonte, do aspecto energia (*shakti*) da realidade, eternamente intacta em vocês, fonte de vida sempre nova, sempre espontânea, sempre criadora, sempre renovada, jamais afetada pelo passado. Essa abordagem pode encontrar mais eco em vocês e é preciosa no que se refere à sua tentativa de libertação do passado. Caso contrário, vocês fenecerão como uma árvore que morre sem ter dado frutos ou flores. Quaisquer que sejam sua fixação ao passado e seus bloqueios, a tela na qual se projeta em vocês o filme do seu próprio destino nunca foi tocada. Ela é perfeita, aqui e agora. E essa vida eterna não cessa de jorrar em vocês, mas também não cessa de passar pelo filme, ela é colorida, e eis que vocês se vêem às voltas com os mesmos problemas, diante das mesmas dificuldades.

Na meditação, não se ocupem apenas com o "não-nascido, o não-feito, o incriado, o não-composto". Unam-se a essa fonte que não cessa de brotar e borbulhar. Procurem, através do grande silêncio interior e da suspensão das funções comuns, sentir-se eternamente novos, antes da contaminação pelo passado, uma fonte "superabundante" de vida, diz o Evangelho. É ela que lhes permite prosseguir no seu desenvolvimento. E essa fonte que nada pode secar nem fazer parar, quaisquer que sejam seus traumas antigos e a mágoa da criança que ainda chora em vocês, será descoberta se vocês entrarem em si mesmos, se os pensamentos e as emoções contraditórias quiserem se calar por um momento.

Essa profundidade corresponde à vida sem as dualidades feliz-infeliz, bom e mau. Como dizia Gurdjieff, "um bastão tem sempre duas extremidades". Tudo o que vivenciamos é um bastão que comporta sempre duas extremidades. Se um se chama sucesso, o outro se chama fracasso, se um se chama união, o outro se chama separação; chegada-partida; saúde-doença. Mas a *atmashakti* em si mesma não tem contrário. Ela não está além, mas aquém das oposições, das dualidades — os *dvandvas* ou pares de opostos. *Atmashakti* é a vida em estado puro que a seguir se exprime pelo *yin* e pelo *yang*. Se puderem aceitar a totalidade da existência, os amigos e os pretensos inimigos, as boas e as más notícias, vocês reintegrarão a plenitude da vida. O que a vida não-dual lhes permite sentir não é a *half-life* (vida pela metade) mas a *full-life* (vida plena). Eis o ensinamento universal que vocês podem vivenciar mais depressa do que acreditam, desde que se mostrem um pouco perseverantes.

Todavia, para começar, vocês não encontrarão de imediato essa vida no nível do coração. Ou, se a encontrarem depressa demais, vocês a perderão. Muitos conheceram momentos divinos que duraram apenas alguns dias ou, no máximo, algumas semanas. A vida será descoberta por vocês, antes de mais nada, em suas próprias entranhas, sejam vocês homens ou mulheres. Eu lhes disse: "Vocês encontrarão Deus em seu próprio coração, mas é no *hara* que encontrarão a si mesmos."[1] Não deixemos escapar a preciosa contribuição de Karlfried von Dürckheim, que afirma que nós, ocidentais, perdemos o sentido do ventre, de que o cristianismo outrora conheceu a importância, como o testemunha o "ventre gótico" das estátuas da Idade Média. Essa vida, *atmashakti*, se revelará em sua bacia, enquanto o *atman* será encontrado no coração. Ramana Maharshi lembra que, para designar a si mesmo ("quem, eu?"), o homem toca por instinto o peito: de fato, ele não se designa pelo seu *hara*, concordo. O Eu se irradia no coração, *hridaya* em sânscrito, *qalb* em árabe, *heart* em inglês, mas a força vital se origina no baixo-ventre, onde não cessa de jorrar, mesmo na solidão, mesmo na provação.

Como essa fonte reside em vocês, cada vez que tentam se interiorizar, é talvez hoje mesmo, e não amanhã, que vocês se reunificarão e sentirão essa vida que se exprime na respiração, na vibração de cada uma de suas células, que vocês poderão perceber se estão completamente relaxados e imóveis. Vocês sabem que, imobilizando os músculos, vocês obtêm deles uma certa sensação, no treinamento autógeno de Schulz ou na sofrologia. Junto a Gurdjieff, praticávamos igualmente muitos exercícios relacionados com a sensação. Se estiverem bem presentes a si mesmos e completamente imobilizados, habitando o próprio corpo, a partir dessa sensação associada

---

1. Esse tema está desenvolvido em *Approches de la méditation*, também publicado pelas Éditions de La Table Ronde.

com a descontração dos músculos, vocês tomarão consciência de uma vida inimaginável em cada célula do corpo, como se pudessem sentir o metabolismo em ação durante o tempo todo. Não se trata de uma realização fora do comum que exija dez anos de retiro no Himalaia.

* * *

E por que deixar para amanhã? A especialidade da mente é de sempre deixar as coisas para depois (em inglês, "*to postpone*"). Pratico a meditação para descobrir a vida em mim, mas por que eu não poderia fazer a experiência imediatamente?

Não se trata apenas de seguir nessa direção, mas de dar o salto — a porta está aberta, sigam em frente. Vocês sabem que o que pensaram ser uma serpente era apenas uma corda; não continuem fechados em si mesmos, entrem no jardim! Aí intervém com freqüência um medo: se eu de fato me tornar novamente vivo, toda a minha estreiteza, todos os meus hábitos de pequenez serão levados pela torrente da vida em mim. Então espero, deixo para amanhã. "Oh, isso é para os grandes iogues, não para mim!" Temos a impressão, e termino por onde comecei, de que, se deixarmos de estar ligados ao passado, se reencontrarmos o presente eterno, estaremos traindo alguém, iremos apunhalar a criança sofredora. E vocês se transformam nessa criança sofredora, quando lhes é proposto deixar o passado para viver enfim na plenitude do presente, onde cada segundo prefigura um futuro de liberdade. Não mais um futuro rígido, que se repete indefinidamente, mas uma festa da novidade, a festa da renovação.

Tentem ver com clareza o que em vocês aspira a essa liberdade com relação ao passado, que desemboca numa vida verdadeiramente nova e, portanto, num futuro completamente aberto. E vejam também o que se recusa a essa transformação: é quase belo demais e não tenho o direito, porque isso seria sacrificar a criança magoada que há em mim, que consolei chupando meu próprio dedo e me aconchegando em meus próprios braços.

Imaginem uma mulher mãe de família que não seja feliz com o marido e que descubra de repente o grande amor com outro homem. Ela poderá pensar: "É maravilhoso, mas não tenho o direito; não posso abandonar meus filhos nem separá-los do pai, porque eles ficariam muito infelizes." Este dilema é semelhante ao que vocês podem sentir, mas, na verdade, estão enganados. É maravilhoso, mas só amanhã, amanhã. Por que sempre amanhã? Por que não agora, uma vez que a plenitude da vida jorra em vocês sem cessar? Vocês acreditam erroneamente que um dever lhes proíbe essa plenitude atual. Que dever? "Sou responsável por uma pequena criança sofredora que consolo há quarenta anos e não vou abandoná-la para viver hoje, feliz e com a vida plena." Vocês se debatem nessa contradição, que é tanto menos irredutível quanto menos claramente reconhecida: querer uma vida ampla e rica, porém "mais tarde". Swâmiji citou-me a história estúpida e bem conhecida do cartaz na vitrina do barbeiro: "Amanhã barba de graça" — sempre amanhã e, dia após dia, amanhã. Claro que será sempre amanhã! Exigir de uma mãe que abandone o filho! Mesmo que lhe apresentemos os melhores raciocínios para defender a idéia de que isso é necessário ao seu desenvolvimento como mulher e como amante, ela recusará. Tornem-se conscientes dessa contradição, para não serem queimados a fogo lento por causa dela.

A única fidelidade real a essa criança magoada consiste em oferecer-lhe a vida. Tendo nascido, ela aspira a crescer e a se expandir, a conhecer a plenitude da vida superabundante. Dêem isso a ela: vocês lhe estarão oferecendo tudo o que ela tem esperado desde sempre e que não conheceu. Já passei por essa dificuldade, mas só a compreendi com toda a clareza quando vi que todos vocês também passavam por ela. Tenho até mesmo a impressão — eu poderia dizer isso hoje — de que o pequeno Arnaud infeliz que conheci tão bem não pára de me agradecer por lhe ter dado a vida completa que ele perdera.

Esquecendo por um momento o peso do passado, dos *samskaras,* todo o nível psíquico, deixem a respiração tomá-los pela mão e mostrar-lhes como acolher o *prana*, o *ki*, como se abrir a essa energia. Há outro tipo de respiração consciente, menos conhecida que o exercício do *hara*, que consiste em respirar com toda a superfície de si mesmos, como se esse invólucro fosse permeável. Vocês se abrirão por inteiro e deixarão que o *prana* penetre em vocês não somente pelo nariz mas também por todos os poros de sua pele. A respiração nos acolhe no limiar do templo interior no qual a meditação nos faz penetrar cada vez mais profundamente e depois não nos deixa mais; ela nos guia até a fonte que é ela mesma designada pela palavra sopro: *pneuma*, *atman*. A respiração, desde que vocês se entreguem a ela, os conduzirá até o cerne de si mesmos, até o Santo dos

Santos. Vocês vêem que não se trata, em absoluto, de uma abordagem fisiológica. Em certas obras, trata-se de fato do *pranayama*, mas insiste-se muito no seu aspecto fisiológico: a respiração permite oxigenar melhor o sangue e, portanto, intensificar a função cerebral, ou, pelo contrário, diminuir a irrigação do cérebro e, por conseguinte, a efervescência dos pensamentos. Uma certa abordagem do *pranayama* é degradante para a função sagrada da respiração. É uma recuperação da prática pelo ego, e o esquecimento de que a respiração é a primeira manifestação de Deus em nós.

Como recorremos aqui ao legado de Swâmi Prajnanpad, lembrem-se de sua fórmula: "Comer é uma função da vida; a respiração é a própria vida." O Sopro é o Espírito Santo para um cristão, o *atman* para um hinduísta, *ruh* para um sufi, o espírito, o vento, a respiração, sempre.

Quando tentarem meditar, aperfeiçoem alguns detalhes técnicos como, por exemplo, a postura e a posição da nuca, mas, acima de tudo, abordem esses exercícios com o sentido do sagrado, com o sentimento que os animaria se vocês precisassem se encontrar com o próprio Buda. O maior encontro que se pode realizar é o de nossa interioridade, de Deus no âmago de nós mesmos ou do *atman* na "caverna do coração" dos Upanixades. Para chegar aí, são necessários pontos de apoio, é preciso um método. Interiorizem-se, entrem em si mesmos, tentem sentir o seu ser essencial. Por alguns instantes, vocês serão tocados, vocês reencontrarão a si mesmos, porque terão invertido o sentido de sua atenção; porém, muito rapidamente, as distrações retornam, os pensamentos parasitas tomam conta de vocês. É por isso que há tantas técnicas muito elaboradas que podem comportar diferenças mas revelam também alguns denominadores comuns a todas as abordagens corretas. Vocês se preparam para uma imensa descoberta, uma sublime revelação no íntimo de si mesmos, que ainda não lhes foi comunicada e que será realizada se vocês forem orientados de acordo com certos métodos tradicionais e coerentes.

POR UM CRISTIANISMO LIBERTADOR

Embora o hinduísmo, o budismo e o islamismo — ou, mais precisamente, sábios pertencentes a essas tradições — tenham tido um lugar essencial na minha existência, Cristo, os Evangelhos, certos padres dos primeiros séculos do cristianismo, tais como Gregório de Nissa, e a espiritualidade cisterciense não tiveram menos importância.

No entanto, há vinte anos encontrei e venho tentando entender inúmeras pessoas batizadas e decepcionadas com sua religião e alguns padres sensíveis aos conflitos psicológicos ou mesmo aos dramas dos fiéis que eles orientam. Quanto aos sociólogos ou psicoterapeutas ateus, eles não refreiam a sua severidade diante de uma "religião alienante" e de uma "moral opressora". Pessoalmente, tenho seguido quase passo a passo as dificuldades de certos seres dilacerados entre o ensinamento religioso de sua infância e o apelo, retomado por tantos livros, revistas e programas de televisão, a uma vida "liberta" dos recalques e das inibições.

Na verdade, o cristianismo é uma mensagem de liberdade, de alegria e de amor. É do nosso interesse que ele se oponha à nossa participação no jogo fatal da licenciosidade e, ousemos dizer a palavra, da imoralidade. "O homem não foi feito para o sábado, mas o sábado foi feito para o homem", lembrou Cristo. Antes de condenar sua própria religião, tenham um pouco de confiança num Deus de amor que só quer o seu bem.

Swâmiji costumava fazer um gesto: o de um punho fechado que se abre pouco a pouco até que a mão esteja inteiramente exposta. Trata-se de um movimento de expansão que vai do mais restrito ao mais vasto, *wide* em inglês, *widening*. É, ao mesmo tempo, um crescimento e uma abertura, assim como um botão se abre e a flor desabrocha. Há portanto um vínculo muito estreito entre estas duas idéias: a do crescimento, do menor ao imenso, e a da abertura.

Esta palavra, "abertura", tem um conteúdo susceptível de transformá-los a partir do interior, na medida em que, se posso me exprimir dessa maneira, vocês se abrem à própria idéia de abertura. E há diferentes níveis de abertura: uma abertura grosseira, uma abertura sutil e uma abertura espiritual. Da mesma maneira, podem-se discernir uma abertura do corpo, uma abertura do coração e uma abertura da inteligência. Empregamos correntemente em francês as expressões *esprit fermé* ("espírito fechado") e o seu contrário, *esprit ouvert* ("espírito aberto"). Fechado ou aberto às novas percepções, às idéias novas, a novas maneiras de ver as coisas. Como vocês querem crescer permanecendo fechados? "Abertura", por seu dinamismo, pode ser uma palavra-chave no Caminho: ela sugere uma progressão e um futuro mais rico. Não há somente uma porta fechada ou aberta: há uma porta que se abre pouco a pouco, desde o fechamento completo até a abertura total.

Faz um belo dia lá fora; o Sol brilha, mas, se fechamos as janelas e as cortinas, ficamos na penumbra; para que esse Sol que está lá, que não é nossa criação, que podemos apenas acolher, penetre no quarto, temos de abrir as cortinas e as janelas. No Caminho, não temos de produzir tudo com nossos próprios esforços; uma parte do que deve ser realizado excede a nossa capacidade e, se nos ativermos somente aos nossos esforços, esses nos manterão no mundo do ego e da mente comum, sem nos conduzir à transcendência. Num dado momento, há justamente a intervenção de uma Realidade que nos ultrapassa e se revela ilimitada, eterna, ao passo que os estados comuns de consciência não permitem que nos sintamos infinitos. De um certo ponto de vista, acolhemos, pois, passivamente a luz quando abrimos as janelas e as cortinas. Que podemos fazer além de receber essa luz? Mas, em contrapartida, é ativamente que abrimos as janelas e as cortinas. Vocês deverão ser muito ativos no Caminho para vencer os obstáculos ou, se preferirem, numerosos esforços serão necessários antes de se chegar ao estado-sem-esforço.

Quando não estamos mais identificados com um problema, com uma preocupação, com um interesse particular, temos certa consciência de nós mesmos. Essa consciência só pode crescer por meio da abertura, e esta ocorre em duas direções — pelo menos é assim que sentimos as coisas no começo: ela se faz na direção do interior de nós mesmos e do exterior de nós mesmos. Aquilo de que temos consciência de ser só poderá crescer se nos abrirmos, mas se nos abrirmos tanto ao que está fora como ao que está dentro. Podemos ser duplamente fechados: fechados com relação ao exterior e fechados com relação a nós mesmos, alienados com relação às nossas raízes profundas, à nossa energia fundamental, devido a todos os tipos de mecanismos estudados à exaustão pela psicologia: os bloqueios, a separação entre o consciente e o inconsciente.

Na verdade, uma só e mesma via abre-se ao exterior e ao interior de nós. Se vocês quiserem que essa abertura, que começa no nível em que vocês estão, os conduza não somente ao desenvolvimento humano, aquele que as psicoterapias lhes tentam dar, mas também ao desenvolvimento espiritual, vocês têm de admitir agora que a mesma e única via, a mesma e única realidade anima todo o universo e a vocês, que tudo aquilo de que vocês tomam consciência, por mais múltiplo que pareça, é expressão de uma energia que, na verdade, é uma, *uma única sem uma segunda.*

Vocês sabem que os hinduístas consideram a integralidade do mundo como a dança de Shiva. Deus se exprime através do universo. A abordagem cristã habitual concebe Deus, em oposição a isso, como um criador exterior à sua criação — como um ceramista, um escultor e um pintor distintos de sua obra —, ao passo que os hinduístas afirmam que Deus é, ao mesmo tempo, transcendente e imanente, situado além da sua criação e ao mesmo tempo dentro dela. Se Deus é um artista criador, ele é como um dançarino que se exprime pela dança. O universo representa a dança de Deus, seja qual for o sentido que vocês dão a essa palavra, sendo que o importante é fazer essa prodigiosa descoberta que os místicos chamam de Deus, de Ram ou de Alá. Todo fenômeno é expressão de Deus. Só se pode encontrar Deus ou a Realidade Última, sejam vocês introvertidos ou extrovertidos, através de sua expressão, isto é, de tudo aquilo que os cerca, inclusive os outros seres humanos. Quanto mais puderem se abrir, mais vocês se aproximarão de Deus.

Abram sempre; é sempre Deus que bate à porta, mesmo sob a forma de um inimigo. De onde as frases: "Amai vossos inimigos", "Perdoai a quem vos tem ofendido", "Rezai pelos que vos perseguem". Abram sempre. Estão batendo à porta, à porta do seu ser; abram sempre, é Deus que bate. Eis a Verdade última. Como vocês podem aproximar-se pouco a pouco dela?

Se o interior e o exterior emanam da mesma realidade, vocês só podem de fato progredir no caminho desse desenvolvimento, como um botão que desabrocha, se estão prontos a se abrir simultaneamente ao interior e ao exterior de si mesmos. Caso contrário, vocês se privam de cinqüenta por cento da possibilidade de crescimento e se mutilam. Se não puderem entrar em contato com as forças vivas que há em vocês, com a *shakti* que há em vocês, vocês não poderão se abrir ao exterior. Abordamos aqui o domínio da psicologia e da neurose: se certas tendências importantes, certos dinamismos que há em vocês são bloqueados, recalcados, a mente permanece crispada, paralisada pela força de inércia dos hábitos, impedindo-os de se desenvolver. Se não puderem acolher aquilo que está em vocês, também não poderão fazê-lo com o que está fora de vocês; assim, não haverá mais vida possível, nem humana nem espiritual.

* * *

"Se a sua mente vive, você morre; se sua mente morre, você vive." Pode-se muito bem dizer: se você se abre, você vive; se se fecha, você morre, ainda que dê a impressão de existir. O abrir-se está diretamente ligado à idéia de crescimento, que depende do ser, em oposição à idéia de acumulação, que depende do ter. Se pudermos nos abrir facilmente à vida ou à energia que se exprime em nós, isso nos levará a Deus, pois Deus se manifesta ao homem, antes de mais nada, como vida e energia. Todas as formas de vida e de energia são manifestações de Deus, a idéia universal que encontramos tanto nas teologias hinduístas como nas cristãs. O acesso à realidade última, não-manifesta, passa pela realidade manifesta.

Cada pessoa vislumbra o que denomino Vida em nós; por exemplo, pode-se dizer de alguém que ele é muito vivo ou consideravelmente debilitado. A vida não depende do intelecto, bem longe disso! Considerem a vida que existe no embrião; em nove meses, ela transforma uma pequena célula gerada pela fusão do óvulo com o espermatozóide num bebê inteiramente constituído, com pulmões, cérebro, sistema nervoso, coração, artérias, veias, circulação sangüínea. Em seguida, a vida continuará a fazer crescer esses órgãos. À medida que o bebê se torna criancinha e que a criança se torna adolescente, todos os órgãos aumentam de volume, ao mesmo tempo que funcionam e desempenham um papel que parece extraordinário, mesmo que consideremos a fisiologia em termos amadorísticos. Afora os casos de malformação, a natureza faz bem as coisas. Todos começamos por essa vida prodigiosa, que em nove meses fez da célula original, o óvulo, um ser humano. Nossa mãe não teve nisso nenhum papel; tudo o que podia fazer consistia em não entravar o processo da gestação, evitando tudo o que é prejudicial a uma mulher grávida. E nós, na qualidade de embriões, também não tivemos nenhuma participação.

Essa vida incrível continua sempre a nos animar. Porém, pouco a pouco, nós a esclerosamos, não mais lhe permitimos exprimir-se em nós. Nada impede a *shakti* de se exprimir no embrião e, mais tarde, no feto, e de criar um bebê; o embrião não sente um medo especial de crescer, de tomar forma. A tragédia dos seres humanos provém do fato de que essa profusão de energia é gradualmente bloqueada, dividida contra si mesma. Em vez de seguir apenas no sentido do desenvolvimento, da intensidade, da participação na vida do universo, ela forma para si duas separações: de um lado a separação, que se acentua cada vez mais com a idade, entre cada um de nós em termos individuais, e a totalidade do universo: trata-se do que denominamos o sentido do ego; e do outro lado, uma separação entre nós e a força vital que há em nós, decorrente das repressões, das proibições, das necessidades sociais. E como não recebemos conscientemente essa educação constituída pelo "Não", nem a sentimos como justa, essa vida tão poderosa que trazemos em nós divide-se contra si mesma. Eis o sentido do "Reino dividido contra si mesmo" de que fala o Evangelho. Uma parte da energia continua a buscar a expansão, o desenvolvimento, e outra parte é bloqueada, rompida, recalcada no nosso íntimo. Em conseqüência, deixamos de sentir que participamos da totalidade, deixamos de sentir que nos anima a mesma vida que anima todo o universo.

Deus é a totalidade. Vocês não podem imaginar ter uma experiência real de Deus sem entrever a palavra totalidade. Que significa a palavra grega *cosmos*? Significa totalidade. Vocês fazem parte dessa totalidade, assim como cada vaga faz parte da totalidade que é o oceano, e vocês trazem em si a nostalgia de sua grandeza infinita. Um dia, a vaga pode descobrir que é o oceano e que todas as outras vagas também o são.

Não vale a pena odiar o mundo inteiro, os pais e os educadores, mas sintam, mesmo assim, como uma tragédia pessoal o quanto a expansão em vocês foi freada e bloqueada. Começa-se por dizer à criança: "Pare, pare já, não grite assim, você cansa, não fique andando o tempo todo", sem falar em todos os tipos de outras proibições que a sociedade torna necessárias, a ponto de nem sequer ousarmos reconhecer em nós mesmos determinados mecanismos. Esse bloqueio da energia que gera o recalque corresponde ao superego dos psicanalistas e à "*negação*" de Swâmiji, a negação do que existe, a negação da realidade, por causa dos juízos de valor, "*sens of value*". "Não façam barulho; não gritem." Depois, aos poucos, a repressão vai ficando complexa.

Há alguns princípios gerais com os quais todos os psicólogos concordam e há a nossa história pessoal. Não temos mais o direito de ser, de ser e de nos manifestar; não uso *ser* no sentido metafísico, mas num sentido bastante concreto: ser vivo e se exprimir. O movimento da natureza permaneceu inibido. Uma árvore não conhece complexos nem inibições; se os parasitas podem comer suas folhas, isso não a impede de desabrochar a cada primavera. Os animais, quando não estão aprisionados ou encerrados num jardim zoológico, manifestam-se espontaneamente; o pavão abre a cauda, o leão ruge. Na natureza, somente nós nos separamos da energia fundamental. Imaginem um grupo de balé formado apenas por estropiados, doentes, semiparalisados: eis os seres humanos. Como cantam os pássaros e como crescem as árvores a cada primavera! Quanto mais progridem, mais vocês percebem que todo o universo é divino. A dança dos átomos, dos elétrons, dos prótons, dos nêutrons, vocês poderão até mesmo ter um vislumbre dela em certos estados mais elevados de consciência. Todo o universo canta a glória de Deus, e nesse balé se introduz um certo número de inválidos que são os seres humanos. É uma coisa trágica e ao mesmo tempo maravilhosa, pois temos a possibilidade de reencontrar o nosso rosto original.

Logo, cada um tem a sua história pessoal, e certas psicoterapias permitem esclarecer por que a energia se voltou contra si mesma. Esse conflito geralmente advém da intervenção dos pais e dos educadores, que "introjetamos", assimilamos no nosso íntimo, por meio de um processo de condenação: isso é ruim. É ruim que um menininho ou uma menininha tenham sensações genitais e que toquem seus órgãos sexuais; é ruim se interessar por certas coisas que despertam a curiosidade infantil. As pessoas grandes reagem e eis que vocês se alienam de si mesmos, dispondo de apenas uma pequena parte de sua energia para viver. Uma parcela importante da energia procura se expressar, uma grande parcela se acha mobilizada para impedir a expressão — e resta a vocês uma parcela muito pequena para ir vivendo uma vida medíocre.

O mundo em cujo seio vocês ocidentais têm vivido, embora pregue a emancipação em altos brados, não lhes deu a verdadeira liberdade. É um mundo no qual o intelecto ocupa um lugar hipertrofiado e, portanto, anormal. Vocês sabem muito bem que antigamente muitos franceses não sabiam ler nem escrever, o que não os impedia de ser grandes artesãos — escultores, carpinteiros, ferreiros. Depois, todos os franceses tiveram de conseguir seu certificado de estudos, e hoje todos têm de se graduar. Para ser marceneiro, é preciso antes mergulhar na história, na física ou na química. Que importância tem isso para formar um bom marceneiro? Para ser carpinteiro, não há necessidade de um cérebro atulhado de noções; é preciso ter mãos inteligentes. A predominância da cabeça entrava gravemente o nosso desenvolvimento. A supremacia do intelecto, do ponto de vista espiritual ou mesmo simplesmente humano, constitui um erro prenhe de conseqüências. Observem tudo o que obstrui o nosso cérebro, sejam leituras diversificadas, revistas especializadas, jornais, periódicos ou conversas: "Parece que isso, parece que aquilo." Essa proliferação abusiva do pensamento os exila de suas forças vitais e entrava o seu desenvolvimento natural. O destino profundo do homem não é permanecer estacionário, o homem não foi feito para caminhar em círculos. Com muita freqüência, ele murcha antes mesmo de se desenvolver, e envelhece depois de ter acumulado cem mil idéias estrangeiras, mas sem nada saber do crescimento interior, que é a sua verdadeira vocação.

O medo se estabelece em nós porque somos seres alienados de nós mesmos. Não é aterrorizante pensar que a energia divina que há em nós nos causa medo? Os seres humanos, com exceção dos muitos evoluídos, têm medo de si mesmos, estando por isso condenados ao medo daquilo que há fora deles, porque são grandes os riscos de que isso os ponha em contato com o que há em seu íntimo. Para realizar a reunificação do exterior com o interior, é preciso atuar nas duas direções, tentando progredir um passo a cada dia. Todo obstáculo eliminado, todo bloqueio suprimido libera a energia aprisionada e permite o crescimento do ser. É preciso utilizar tudo o que estiver à sua disposição para recuperar esse processo natural de expansão.

* * *

Admitamos por agora que vocês assumam as forças que residem em vocês, depois de ter mais ou menos concluído uma psicoterapia, e que o medo do que há no seu próprio ser não domine mais sua existência. Vocês poderão então abrir-se em vários níveis: físico, emocional, intelectual e sexual. Eis a realidade da natureza. Abrir-se interiormente no nível físico equivale a sentir a vida, a energia que há em cada um de nós, no plano da sensação e do impulso motor, por meio de exercícios de autoconsciência e de meditação, e a levar em consideração nossa necessidade de nos exprimir, de dançar, de nos movimentar. Essas primeiras tomadas de consciência não têm nada de muito misterioso. Mas sentir mais sutilmente a energia sob a sua forma motora ou sentir em nós a vida do coração representa uma imensa realização. O que bloqueia a vida do coração são as tristezas, os sofrimentos, as revoltas, a agressividade. Um trabalho psicológico realizado de maneira metódica se mostra necessário. No nível intelectual, é preciso igualmente tornar-se receptivo aos pensamentos que surgem, sem censurá-los, sem impedi-los de surgir à tona. Além disso, também devemos nos abrir sem medo aos impulsos sexuais que trazemos em nós. Se levarem cada vez mais longe essa primeira abertura muito simples, através do manifesto — mesmo sendo o manifesto distorcido do ser humano —, vocês se abrirão, pouco a pouco, a níveis de consciência denominados supramentais ou místicos. Não seria terrível passar ao largo dessas possibilidades que vocês trazem em si mesmos, e levar uma vida mesquinha, quando a natureza previu para cada um de nós uma vida tão rica? Podem vocês admitir que só foram quem realmente são durante os nove meses da gravidez de sua mãe?

É absurdo crer que vocês poderão alcançar a grande Realidade que há em vocês sem passar pelas diferentes etapas da Manifestação, os planos causal, sutil e grosseiro. Vocês não alcançarão o último, o brahman, Deus em vocês, o absoluto, mediante a simples atitude de ficar em silêncio. É preciso percorrer no sentido contrário o caminho da Manifestação: eis toda a idéia da ioga. O não-manifesto manifesta-se nos níveis causal, sutil e grosseiro (*karana*, *sukshma*, *sthula*), e esses três níveis existem em vocês. Para encontrar Deus em si mesmos, vocês devem se aceitar, visto que são, de qualquer maneira, a manifestação do não-manifesto, a dança de Shiva.

Tudo o que existe em vocês é de Deus, até mesmo os impulsos de raiva. É a criação tal como Deus a fez, mas distorcida no homem devido à divisão interior causada pela mente — que os sufoca e os impede de se abrir. É preciso tentar — não há outro caminho — passar em si mesmo por todos os graus da Manifestação. Para retomar uma imagem que utilizo com freqüência, vocês não podem atingir diretamente a camisa sem passar antes pelo colete que a recobre. Trata-se de camadas cada vez mais profundas. Não é possível chegar ao absoluto negando o relativo. Eu o tentei ao longo dos anos, e foi preciso que Swâmiji me mostrasse que eu sempre terminava em impasses para me convencer a proceder de uma maneira mais inteligente.

Às vezes, podemos atingir um estado de consciência ilimitada, que não passa de um jogo de ação e reação diante das limitações da existência. Esse estado de consciência transcendental chama-se tecnicamente *samadhi*; guardamos dele uma lembrança inesquecível — mas nem por isso nos tornamos mais avançados. Milhares de vidas dedicadas à espiritualidade foram prejudicadas por essa vã tentativa: nego a natureza em mim. Um dos defeitos de educação, mesmo religiosa, consiste em negar a vida que há em cada um de nós. Voltem a ser vivos em todos os níveis: intelectual, emocional, físico e sexual.

A partir do momento em que admitem a necessidade de voltar a ser vivos, sendo a vida uma vida de relação, vocês se darão conta de que foram consideravelmente separados da grande Vida pelo sentido do ego, que engendra o jogo da atração e da repulsão, do desejo e do medo, da simpatia e da antipatia, etc. Se estamos aprisionados no ego separado, não mais participamos da vida universal. Além disso, é preciso seguir pela direção correta para se chegar à anulação do ego, que nos é proposta como meta, uma direção na qual vocês ganham em termos humanos e espirituais, e que, pouco a pouco, os aproxima de um estado transcendente em que vocês se sentirão comungando com a existência universal. Neste momento, como poderão vocês tornar-se receptivos? Admitindo que a flor, o pássaro, os outros seres são sempre a energia divina manifestada, como podem vocês reduzir o fechamento — as asas fechadas de que acabei de falar — que os separa da realidade?

Nossos cinco sentidos correspondem a aberturas pelas quais recebemos todas as percepções, que se transformam em seguida em concepções, em idéias. Abram-se intelectualmente, tentem escutar idéias verdadeiramente novas em vez de rejeitá-las de imediato. Tentem abrir o próprio coração; sabemos que isso não é fácil, e voltarei ao assunto. E abram-se fisicamente. Certos seres são fisicamente fechados, recusando as sensações, recusando-se a perceber, recusando-se até a ser inspirados. Vocês descobrirão resistências em si mesmos, mas quem ganhará com isso? Se estiverem decididos a ser mais fortes que as resistências, vocês estarão salvos. E quanto àqueles que têm uma vida sexual, que não transmutam a energia sexual apenas por meio da alquimia interior, também devem se abrir no nível sexual à participação, à sensação, à comunhão com o outro.

Há, na linguagem corrente, uma profusão de fórmulas que mostram como essas idéias constituem, na realidade, o patrimônio da humanidade quando o ser ainda tinha primazia sobre o ter. Por exemplo, vocês encontrarão por toda parte as palavras *aberto* e *fechado*, às quais Swâmiji atribuía tanta importância. Em inglês, os hindus usam duas palavras, *closed* e *locked*, sendo que "*closed*" significa, simplesmente, fechado, e "*locked*", trancado. Não tentem abrir uma porta fechada a chave; é preciso antes fazer girar a chave na fechadura. Às vezes não se diferencia entre fechamento com chave, o que traz dificuldades para abrir, e fechamento puro e simples, que pode se tornar abertura, por menos intensa que seja nossa decisão de abrir verdadeiramente a porta. É preciso tentar, reeducar-se como convalescentes que reaprendem a viver e, se quiserem alcançar os estados mais elevados de consciência, integrar todos os níveis da manifestação. É claro que grandes forças nos obrigam a nos fechar contra a nossa vontade, sendo por isso necessária uma enorme convicção. Voltar os cinco sentidos para as percepções exteriores é relativamente fácil: olho, escuto, percebo odores, desenvolvo o paladar, aprendo a apreciar. Estendam o seu paladar para além do *roquefort*, se vocês só gostam desse queijo, estendam a todos os tipos de sabores; os ouvidos a todos os tipos de músicas. Deus está numa sinfonia de Mozart, é comum dizê-lo, mas Deus também está no barulho da britadeira, independentemente das possibilidades de resistência do nosso sistema nervoso.

"*Welcome*" — eis a palavra de Swâmiji —, "bem-vindo, bem-vindo!" Diz-se "bem-vindo" a alguém quando se abre a porta para essa pessoa. Vocês não podem dizer "bem-vindo" a alguém ao mesmo tempo que dão mais uma volta na fechadura. Bem-vinda essa percepção, bem-vinda essa sensação, bem-vindo o que é novo, bem-vindo o que me perturba. Organizam-se com muita rapidez em nós sistemas bastante complexos de recusa e de seleção. Não acreditamos de modo algum que é sempre Deus quem bate e só nos abrimos com parcimônia, o que impede o nosso crescimento interior. Empobrecemos a ingestão de impressões que nos vêm de fora e contribuem para o crescimento do nosso corpo sutil.

Nas Ioga Sutras de Patanjali, traduz-se o termo "*pratyahara*" por "afastamento dos objetos dos sentidos", o que dá a falsa impressão de que o iogue se mutila do ponto de vista dos sentidos. A partir disso, considera-se erroneamente que se trata de não sentir mais. Essa interpretação está totalmente errada e contraria a tradição da ioga. No decorrer de ritos que ocupam um lugar de destaque tanto na Índia como entre os tibetanos ou nos mosteiros, os cinco sentidos são, pelo contrário, mobilizados para favorecer a abertura. Os tibetanos fazem girar rolos, os muçulmanos tocam a entrada da mesquita ou do mausoléu. Os ortodoxos beijam os ícones. O toque desempenha seu papel num rito, numa liturgia ou num *puja*. A audição também: ouvem-se sinos, gongos, percussões, cantos, músicas. O olfato é envolvido pela presença do incenso. A visão é solicitada pela decoração, pelos gestos litúrgicos, pelas pinturas, pela arquitetura. E o paladar participa pela absorção do alimento consagrado — pão bento ou Eucaristia — ou, nas outras religiões, simplesmente por aquilo a que se dá o nome de ágapes.

Essa interessante palavra vem do grego *agapê*, que significa forma aprimorada de amor. Pode parecer que a liturgia está à margem da vida, enquanto que o ágape, pelo contrário, está totalmente integrado à existência, como a ceia que os discípulos partilham com um mestre sufi ou a refeição dos monges no mosteiro.

* * *

Vocês não podem se abrir senão por meio da palavra mais mágica de todas: o mantra supremo, o *sim*, que é a tradução de "aum": A, sim a

Brahma; U, sim a Vishnu; M, sim a Shiva. Escutar é o sim do ouvido; olhar é o sim dos olhos; sentir os odores é o sim do nariz; sentir o gosto é o sim da língua e do palato; tocar é o sim do tato. Vocês só podem se abrir por meio do sim. Bate-se à porta, vocês decidem acolher e respondem "entre" ou "sim". Recusar-se a abrir equivale ao "não".

Nessas duas palavras está alicerçado todo o ensinamento que tento retransmitir. Que vocês possam entendê-lo hoje pela primeira vez. O caminho do desenvolvimento humano e espiritual passa pelo sim, desde os primeiros níveis até o último nível, numa perfeita continuidade. E o não é sempre anti-religioso. Não me refiro, é claro, aos "não" indispensáveis: se, depois de terem encomendado um certo artigo, vocês recebem outro, vocês dizem não com toda a propriedade. O não que questiono corresponde a uma atitude interior da recusa que jamais se justifica: digo não à chuva, digo não às nuvens, digo não ao sol, digo não aos seres humanos cujo comportamento não me agrada. Dizer não é dizê-lo a Deus.

Swâmiji me recomendou um exercício, que aliás não era específico do seu ensinamento. Consistia em se instalar confortavelmente sentado em meditação ou numa postura relaxada e repetir simplesmente dentro de si mesmo a palavra sim, sem dizê-la a nenhuma coisa determinada, sem se ocupar de coisa alguma além de se unificar. Se o tentarem mas lhe ocorrerem mil pensamentos, vocês não o conseguirão. Pode ser que esse exercício de aparência inofensiva — a simples repetição da palavra sim — faça despertar em vocês uma recusa de tal magnitude que vocês a sintam quase insuportável. É realmente interessante constatar essa reação. Vocês podem dizê-la em voz baixa ou repeti-la interiormente. Passados cinco ou dez minutos, essa simples repetição do sim pode transformar o seu estado de ser, o seu nível de consciência.

O segundo exercício — que é preciso ter coragem para praticar — é o inverso: "não, não, não". Vocês podem mudar o estado de espírito apenas com a força das palavras sim e não. A simples palavra sim tem uma imensa força positiva, feliz, ao passo que o não basta para desencadear a agressividade. Pelo simples fato de pronunciar a palavra não, sinto-me tenso, furioso, inquieto. Se quiserem destruir-se, não vale a pena beber ou usar heroína; basta praticar esse exercício! "Não, não, não ..." Isso vai revolver em vocês lembranças inconscientes cada vez mais dolorosas, e vocês atingirão um estado interior que os separa, que os aprisiona, que os impede de se comunicar — o oposto de um estado espiritual. Se não querem acreditar em mim, experimentem!

"Não, não, não, não!" "Sim, sim, sim sim!" Vocês não conhecem a força dessas duas palavras, apenas as palavras. Em todas as línguas, são palavras muito curtas: *ya, nein* em alemão; *yes, no* em inglês; *si, no* em espanhol. E, pasmem, o exercício do não às vezes se revela mais eficaz de imediato que o do sim! Há um tal número de recusas reprimidas e cristalizadas em nós que no começo é mais fácil dizer não: não a papai, não a mamãe, não à educação, não ao uso do urinol. O ser humano comum, o "velho homem" que há em nós é um "não" ambulante. Os "não" emocionais envolvem o fechamento do coração; os "não" físicos provocam contrações no corpo — peito para dentro, tensões diversas — e os "não" intelectuais geram o estreitamento da visão. O ego e a mente estão diretamente associados com a recusa, com a negação. Eles vão se formando e se fixando pouco a pouco por intermédio do "não". "Não" a um dado comportamento de papai, "não" a uma certa atitude de mamãe, "não" a isto, não àquilo, "não, não, não".

É claro que, como eu disse, a vida em sociedade sempre tem necessidade de uma certa educação ou, ousemos dizer a palavra, de um certo adestramento das crianças. A partir daí, instaura-se *a lei*. Não quero desenvolver esse tema, pois trato dele no meu último livro, *La Voie du coeur*, mas apenas oferecer alguns elementos para esclarecer o que digo hoje. A lei, desde os mandamentos do Decálogo aos *shastras* hinduístas, nos diz como nos comportar diante dos outros: não matar, não roubar, respeitar pai e mãe. Na realidade, ela nos ordena fazer o que faríamos naturalmente se tivéssemos amor. A lei nos ordena: não mate, não faça mal ao próximo. Ela exige de nós aquilo que seríamos capazes de fazer se tivéssemos condições de amar; desse modo, a lei termina por substituir o amor. Essa é, particularmente, a tragédia do cristianismo através da história.

O Caminho consiste em reencontrar o amor, que se torna então a lei. Se vocês amam, o que fazem se revela muito mais justo do que a própria lei. *Ama et fac quod vis*, ama e faze o que quiseres. Vocês podem ser firmes, podem punir, podem acariciar, como uma resposta que nasce do interior. Somente nós temos necessidade da lei porque nem todos os seres humanos logram se purificar o bastante para serem capazes de amar, no verdadeiro sentido da palavra. Não falo do amor-fascínio. Todos nós fomos então submetidos à lei que, durante a maior parte do tempo, foi mal expressa pelos nossos pais, pelos nossos educadores ou por pessoas que nos impressionaram: "Você se interessa por esse tipo de livro? Ora, mas ele não amplia a sua cultura!" Uma frase desse tipo pode bloquear um adolescente. Ora, a expansão à qual convido vocês representa uma libertação com relação à lei, ao adestramento e aos condicionamentos da educação, ainda que estes se mostrem de início indispensáveis em toda sociedade.

O pecado original é somente o não que instaurou a dualidade, a limitação e o sofrimento. Ele corresponde ao caminho da perdição. O caminho da redenção passa pelo sim. É por isso que se pode dizer que Cristo é a consumação do amém. A história de Cristo começa com o sim de Maria ao Anjo (existe até mesmo uma Nossa Senhora do Sim) e termina com o sim último de Cristo: "Seja feita a Tua Vontade" — mediante o qual ele se sujeita à morte.

O sim à vida de todos os dias é uma preparação para o sim à morte. Como poderão vocês dizer sim à morte — que é o ponto culminante de uma vida realizada — se nem sequer podem dizer sim à vida? E como podem dizer sim a todas as mortes sucessivas que fazem uma existência, na qual Brahma, Vishnu e Shiva estão agindo durante todo o tempo, na qual aquilo que aparece desaparece, como dizer sim ao aspecto morte da existência se não podem dizer sim à vida que há em si mesmos?

Ensinaram-lhes a não dizer sim à força vital, à espontaneidade, ao entusiasmo, ao movimento, à alegria, à expansão: "Não, você não se exprimirá, você não crescerá, você não se desenvolverá!" E vocês acabaram por retomar esse não por conta própria. Contudo, a vida permanece intacta e o caminho para recuperá-la é o sim. É uma palavra mágica. O sim e o não são palavras mágicas, mas um para destruí-los e outro para salvá-los.

Quando eu batia à porta de Swâmiji, que ficava aberta para minha sessão matinal, ele me acolhia com um "*yes Arnaud*", "sim, Arnaud". Ele nunca dizia "*come in*", "entre"; dizia simplesmente "*yes*", e eu sentia que esse *yes* era imenso: Swâmiji dizia sim à totalidade de Arnaud, que chega ora ansioso, nervoso, cheio de agressividade, de medo dele, ora pleno de amor por ele. "Amai os vossos inimigos" significa na verdade "dizei sim aos vossos inimigos". "Perdoai a quem vos tem ofendido" implica "dizei sim e compreendei". Se compreendemos e somos tocados, o sim cria raízes em nós e nos dá de fato vontade de viver esse crescimento ao mesmo tempo humano e espiritual.

* * *

Nenhum não, por mais forte que seja, faz desaparecer a energia sexual. Diante da energia que há em vocês, há apenas o sim que se mostra justo e leva à transmutação ou à atividade sexual propriamente dita. A transmutação consiste em reconhecer essa energia, em ser "um com" ela em vez de "arrebatado por" ela, em dizer a ela um imenso sim; então, produz-se um aumento quantitativo tão intenso que ocorre uma mudança qualitativa. É uma lei da natureza. Não digo que quem não tem vida sexual não pode encontrar Deus, digo apenas que a vida sexual, que desempenha um papel tão importante na vida da maioria dos homens e das mulheres, casados ou não, só pode ser feliz se estiver alicerçada no sim. E, o que é muito interessante e notável, trata-se de uma atividade posta à nossa disposição pela natureza da qual os cinco sentidos podem participar.

Há duas atividades humanas das quais os cinco sentidos participam dizendo sim. Uma delas nada mais é que a liturgia — o que expliquei mais acima — e a outra é a vida sexual tal como é concebida tradicionalmente, isto é, completa e, digamos em linguagem moderna, audaciosa. A Índia insiste muito, por um lado, no valor da transmutação da sexualidade e, por outro, na castidade — a castidade no sentido de pudor, e não no sentido de ausência de vida sexual. A mulher hindu tradicional sentir-se-ia desonrada se perturbasse fisicamente um homem que não fosse o seu marido. No entanto, essa mesma Índia, assim como todo o antigo Extremo Oriente, tem dado uma imensa importância ao erotismo. Os célebres Kamasutras de Vatsyayana não são obras pornográficas, mas um verdadeiro livro de sabedoria.

A sexualidade é também o sim posto à disposição de toda a natureza: os animais e as plantas têm uma sexualidade, e esta oferece aos seres humanos a alegria de os cinco sentidos poderem, ao mesmo tempo, dizer sim. Trata-se, é óbvio, do sim mútuo de dois parceiros, que pode eventualmente referir-se à homossexualidade. Esta, na verdade, nunca foi condenada pela Índia da maneira categórica como o é pelo catolicismo tradicional; no hinduísmo, ela é simplesmente regulamentada.

Portanto, o ser humano só pode ser feliz na expansão, no crescimento; tudo o que representa um movimento de expansão é sentido como feliz, ao passo que a retração é sentida como dolorosa. Eis o Caminho. Essa dilatação pode ser feita no acúmulo: eu tinha um apartamento de cinco quartos e agora adquiro um duplex com uma sala de estar de dez metros de comprimento. Esse alargamento provém do acúmulo de um ter, mesmo que seja um ter sutil, ou decorre de um crescimento interior, o punho fechado tornando-se a mão aberta? Toda a questão está nisso. O que os ensinamentos espirituais qualificam como verdadeira felicidade, verdadeiras alegrias, nada tem a ver — que isto fique bem claro — com o acúmulo nos termos do ter, mas com um desenvolvimento do ser em todos os domínios — intelectual, afetivo, físico e sexual.

Mas essas verdades são mais fáceis de serem ditas do que de serem vividas. Instalou-se uma esclerose, ancorada em nossos hábitos, que constituem em nós uma espécie de segunda natureza que segue o sentido do não: não às nossas forças vivas — cada um deve empreender sua própria ressurreição —, não a esse ou àquele aspecto da realidade. Assentados no não à sua própria energia, os seres humanos mendigam amor. Vivem seis meses juntos, ficam decepcionados, trocam de parceiro, acreditam mais uma vez ter encontrado o amor, e voltam a se desiludir. Essa busca insaciável do amor, que termina sem cessar no fracasso, tem como causa esses múltiplos "não" cristalizados, que é preciso dissolver pouco a pouco para se reencontrar a espontaneidade.

O ponto importante, recusado por tantos de vocês, para quem a única solução reside na terapia, é que podemos dizer sim mesmo que ainda restem alguns "não" em nós. O ensinamento de Swâmi Prajnanpad não se resume aos *lyings* (e ainda menos às vidas anteriores que tanto os fascinam), mas sim a essa oportunidade, sempre oferecida ao homem, de vencer o não por meio do sim. Abram as cortinas, abram as janelas, deixem entrar a luz.

Quem vai ganhar: suas possibilidades de dizer sim ou a força dos "não" cristalizados em vocês? O caminho de Swâmiji é um caminho ativo. Ele dizia daquele que não consegue assumir o controle da própria vida: "*He is a patient*", é um pobre infeliz que pede para que cuidem dele. Um discípulo é um "*doer*", alguém capaz de agir, e não apenas de chorar e de pedir ajuda. Swâmiji também dizia: "*Give a little push*", "dê um empurrãozinho". Assim como o motor a explosão de um carro é acionado por um pequeno motor elétrico, o motor de arranque, passando, depois disso, a funcionar sozinho, vocês também não podem ficar sempre à espera de que alguém venha socorrê-los. Por que vocês não querem dar "*a little push*"? Um *doer* capaz de agir investe contra seu estatuto de máquina, de marionete, e decide dizer sim aqui, lá, nessa circunstância, a esse aspecto dos outros, a esse aspecto de si mesmo, e, portanto, decide se abrir. Abrir seu coração, sua alma, seu espírito, abrir seu corpo à penetração masculina se se trata de uma mulher na relação sexual, se abrir ao outro, se abrir a tudo. Acreditem em mim, dizer sim onde vocês sempre disseram não será mais libertador do que os *lyings*, até que vocês se convertam em sim, porque ser sim é estar vivo. São Paulo lembrou aos cristãos, na Segunda Epístola aos Coríntios: "Jesus Cristo não foi sim e não; só havia sim nele."

* * *

Ser contra a vida é ser contra Deus; ser contra a Criação é ser contra o Criador, contra a dança, contra Shiva, contra a *shakti* — para retomar a linguagem de Swâmiji —, é ser contra o *atman*.

Negar o mundo com o pretexto de que ele é irreal é uma tentação estéril que se baseia num mal-entendido: "Tudo é Brahman; o filme das aparências não me interessa mais; quero encontrar a tela imutável." Quaisquer que sejam as suas técnicas de meditação, vocês jamais se estabelecerão na tela imutável se negarem o filme projetado. Há muito tempo, tentei fazê-lo, sem sucesso, tendo sido salvo desse erro por Swâmiji; outros o tentaram, também em vão, mas, não sendo salvos por ninguém, continuaram a ter medo de si mesmos, da vida, da criação, imaginando que iriam ter acesso ao não-manifesto. Vocês não chegarão a ele a partir dessas bases falsas, ou então, terão "*a glimpse*", um vislumbre, e depois, voltando ao seu estado comum, serão novamente arrebatados pela manifestação e pela recusa da manifestação.

O que significa "Deus está em vocês"? Como sentir que Deus reside em vocês? A primeira marca de Deus em vocês é a respiração. Vocês respiram sem ter necessidade de respirar. "Isto" respira. Não são vocês que respiram, mas a Vida, decorrendo daí a importância de que se revestem os exercícios de consciência e de amplificação da respiração em tantas técnicas espirituais, às vezes conjugadas com outras formas de abertura.

Lembrem-se: "Comer é uma função da vida; a respiração é a própria vida." Se já ousam descobrir que respiram, e se deixam que o movimento da respiração se amplifique, vocês pressentem Deus em si mesmos. Às vezes, a respiração se modifica naturalmente em função dos nossos estados de espírito, de nossa participação na natureza; é sempre a energia divina operando em nós. Por mais surpreendente ou chocante que isso possa lhes parecer, a modificação da respiração quando vocês fazem amor é a *shakti* em vocês, é Deus em vocês. Os sufis repetem: "O Islã é a dilatação do peito." Que bela definição! Mas, em sua maioria, as pessoas dizem não à sua respiração; elas vivem com os pulmões comprimidos numa caixa torácica não-desenvolvida.

"Deus está em vocês." "Prove-me isso!" Eu lhes provo imediatamente: a respiração ocorre sem a sua participação; é a Vida que respira por si mesma. O que é que respira em vocês? É a energia universal, aquela que faz crescer as folhas das árvores a cada primavera; é ela que lhes permitirá remontar, depois do manifesto, ao Não-manifesto. Concordo que vocês não devem deixar-se fascinar pela criação, não ficar tolamente apaixonados por uma mulher que se converta num absoluto para vocês, pois isso transpira idolatria. Então, a natureza faz com que vocês se esqueçam do Criador. Naturalmente, se não vêem mais que a dança, nunca verão o Dançarino; se vêem apenas a criatura — que pode ser tanto uma flor como um ser humano, seu filho querido ou seu cônjuge bem-amado —, vocês não verão o Criador. Não se deve ficar preso ao manifesto, não se deve se identificar com as formas. No exoterismo, a idolatria consiste em se prosternar diante do Bezerro de Ouro; mas, no esoterismo, tecnicamente, a idolatria equivale a fazer do relativo um absoluto. Eis por que nos é dito e repetido sem cessar: não se apeguem ao manifesto, ao mutável, ao efêmero, ao evanescente. Procurem o supremo.

Não deixem, contudo, que esse tipo de ensinamento os confunda. Não neguem a Criação com o pretexto de descobrir o Criador. Como eu lhes disse, algumas pessoas entenderam que, para buscar o supremo, era preciso virar as costas ao manifesto, e interpretam assim o *pratyahara* ou a interiorização da ioga. Neste caso, por que as cerimônias de que participam os cinco sentidos têm uma tal importância? E por que o *tantrayana*, que compreende, entre outras técnicas, uma sexualidade ritualizada, faz parte dos ensinamentos esotéricos? Vocês não podem descobrir o sobrenatural sem antes passar pela natureza, mas evitando ser escravos ou idólatras dessa natureza. É evidente que, se toda a sua vida se limita ao fato de dançar o *rock* e de gozar — com o perdão da palavra —, isso não bastará para levá-los a atingir a plenitude do ser humano. Mas se recusam um aspecto qualquer de sua realidade, vocês se matam e matam o Eu. Não sei como se diz "matar Deus" em sânscrito, mas, em contrapartida, sei como se diz "crime contra o *atman*".

O absoluto é o relativo, o relativo é o absoluto: "O vazio é a forma, a forma é o vazio", ensinam os budistas. Apliquemos essas fórmulas a nós mesmos. Deus nos anima, mas o que nos tornamos? As palavras de Swâmiji me voltam à mente: "*so miserable!*", "tão infelizes!", "*cripple*", "estropiados". São assim os seres humanos, em sua maioria, como uma sombra sobre a Criação.

Algumas vezes, vocês agem de maneira justa: se gostam de nadar, que nadem sem a mente — apenas a água, os pensamentos parados —, vocês ficam normais, à vontade, naturais. A cabeça não interfere, vocês são sim, vocês vivem. Vocês gostam de tênis, jogam tênis, não podem "pensar", senão perdem a bola; durante uma hora, não pensam; são um com a bola. Mas não se pode passar a vida nadando, jogando tênis ou cantando, sem pensar. Sejam vivos, sejam verdadeiros. Participem da dança de Shiva, e vocês se tornarão belos; caso contrário, é triste dizer, o ser humano separado de si mesmo deixa de fazer parte da natureza. Às vezes, acabamos até mesmo vendo rostos que a ausência de vida e de expressão tornou feios, no sentido comum da palavra. Não é nossa culpa; a origem desse fechamento remonta à nossa infância, à nossa educação e à maneira como reagimos. Poderíamos fazer outra coisa além de ouvir "não, não, não, não"? O não da infância é o da cólera ou do desespero. Nos dois casos, ele gera a negação, a negatividade, e cabe a nós dissolver depois essa esclerose para reencontrar nossa espontaneidade.

É claro que, se vocês querem desestruturar pouco a pouco essa carapaça de hábitos, de rigidez, de fixações fundadas em recusas acumuladas sob a forma de *samskaras*, o *lying* pode ajudá-los, assim como a visão clara, a compreensão. Mas se vocês escolhem a vida, se dão, cada vez, "*a little push*", pode ser que a vida, a própria vida, seja a mais forte. Sei que a maioria de vocês tem dificuldade para entender: "Ah, enquanto eu não tiver restabelecido a minha relação com o meu pai, que..." Não, vivam,

vivam! A vida brota em vocês. Se vocês escolhem a vida, vocês a ajudam, pelo menos um pouco. Digam sim, e a própria vida fará explodir o que os impede de existir — desde que vocês estejam convencidos disso.

Swâmiji conseguiu me convencer, com bastante dificuldade, pois uma grande parte da minha educação protestante ia de encontro à vida. Aos seis anos, fazer barulho é ruim. Aos catorze, a sexualidade é ruim. Eu era inibido, rígido, desajeitado, mal me atrevia a respirar, tinha a impressão de sufocar — uma sensação de sufoco que surgiu sem dúvida aos dois anos e que os *lyings* desbloquearam, eu o reconheço. Mas, num certo dia, Swâmiji me disse: "*Father says it is bad*, *Swâmiji says it is not bad*", "Papai diz que é ruim, Swâmiji diz que não é ruim". Ele sentia que eu podia entendê-lo, e o impacto dessas palavras foi de fato muito forte. "Posso? — Claro, Arnaud!" Não se tratava de nada terrível, mas de algo que me era necessário no momento e que eu não ousava me conceder. A história é sempre a mesma; o pai de vocês disse: "Isso não se faz, é ruim." Se não foi o pai, foi a mãe ou um professor ou a primeira mulher que vocês conheceram. Em diferentes idades (seis meses ou vinte anos), os bloqueios ficam gravados em nós.

Em outra ocasião, Swâmiji me disse: "*If it is a sin*, *Swâmiji will go to hell*", "Se for um pecado, Swâmiji irá para o inferno", porque é ele que nos leva a fazê-lo. Todas essas frases foram libertadoras para mim, e eu disse sim à existência. Dizer sim à existência não significa ceder às explosões desordenadas da vitalidade que sufoca sob as inibições ou o medo: "é um desrecalque", como se diz, a pessoa desmorona, ela explode. Esses desencadeamentos intempestivos da energia que esteve reprimida em excesso não levam a lugar algum. Trata-se apenas de uma reação a uma sufocação que nos parece insuportável, reação pela qual nos deixamos arrebatar. Depois vêm os remorsos que nos condenam a nos fechar ainda mais amanhã. Como romper os grilhões sem perder o controle?

Em vez de reagir às próprias frustrações debatendo-se inutilmente, escolham a vida, escolham a expansão. Vocês podem qualquer coisa. Escolham o "sim" para fazer desmoronar os "não", os empecilhos. A possibilidade é muito alta e a respiração os ajudará. Ousem respirar e vocês se abrirão. Ousem ouvir, ousem acolher; não vivam, pois, no medo! *Yes*, *yes*, *yes*. O outro me critica, me agride: ele se expressa. Não julguem, não condenem; compreendam, perdoem, amem. Abram a porta do coração para não envelhecer sem ter vivido.

* * *

O sim, a abertura e o amor: eis as chaves que abrem a porta da prisão. Vocês não podem amar a Deus se não amam suas criaturas. Entretanto, não podem amar os outros sem antes amar a si mesmos. Como vocês querem se voltar para os outros se foram reduzidos a essa situação trágica de negar a vida que há em vocês, como se fosse mau ter desejos sexuais, como se fosse mau ter vontade de se agitar, de fazer barulho e de gritar? Isso não é ruim. Se vocês voltarem a ser vocês mesmos, uma sabedoria dirigirá as suas ações e vocês compreenderão tanto o que é ruim para vocês como o que lhes permite se expandir.

Não é zombar de Deus, que justificou sua Criação, afirma o Gênesis, dar as costas a ela para buscar o Criador? Por que ele faria uma Criação se era para nos afastarmos dela? Procuremos o Criador através da Criação. Não é preciso mentir para si mesmos. Para vocês, hoje, a Criação é Micheline, é Pierre, são todos vocês. Onde está Deus neste momento? Ele está aí. Não se trata, em absoluto, de grandes frases ou de um misticismo estranho, como se eu visse coisas que vocês não vêem. Se não querem ver as ondas, vocês jamais conseguirão ver o oceano. Onde está a vida? Ela está aí. Onde está Deus? Ele está aí, em vocês, fora de vocês. Deus anima vocês e me anima; eu encontro Deus em mim e encontro Deus em vocês. Comecem no nível mais natural possível; caso contrário, vocês praticarão a espiritualidade do neurótico, que não os levará a parte alguma. Sejam, pelo menos, naturais como uma árvore, como um pássaro. Eu ouso. O trabalho de vocês não permitirá que façam isso sempre, porque é certo que ser artesão, ter uma ferramenta, fazer qualquer coisa com as mãos permite uma melhor expressão do que fazer exclusivamente a contabilidade ou acumular papelada, como se diz. Mas tentem pelo menos redescobrir a natureza, mesmo que isso pareça cada vez mais difícil. Durante a Ocupação, vivi minha adolescência numa França sem carros; acampávamos em locais agrestes por toda parte, percorríamos estradas de bicicleta, caminhávamos trinta quilômetros a pé cantando. Busquem uma vida natural, e até mesmo animal.

A função por excelência que nos ajuda a permanecer naturais, do homem das cavernas aos nossos dias, é a função sexual. Que pena que ela seja contaminada pela cabeça, pelo medo, pelos preconceitos, pelos bloqueios. A natureza deu a sexualidade ao homem como uma grande bênção para que ele permaneça em contato com a vida. A natureza inteira está baseada na sexualidade. Por exemplo, as flores são os órgãos sexuais das plantas.

Não é terrível ver do que a mente é capaz para que chegássemos a ser tão perversos e desnaturados? Voltem a ser normais no nível animal, sejam vivos, inclusive sexualmente. Mas o Caminho não pára aí. Uma de vocês me disse recentemente: "Tive grandes progressos do ponto de vista sexual, vivi grandes orgasmos, mas isso não me basta; não posso crer que eu seja chamada apenas para isso." É claro que o crescimento total de um ser humano não se restringe a uma vida sexual bem-sucedida.

"Tudo é sexual, tudo é bipolaridade, tudo é união de contrários." Essa é uma idéia hinduísta. A própria pulsão da vida é sempre sexual, bipolarizada, feita de atrações que se completam e querem se unir.

A própria amizade é sexual, porque dois procuram a comunhão, mesmo que não haja nenhum toque físico. Vocês procuram sempre comunicar, comungar. É sexual ir ao concerto; trata-se de um contato no qual me abro e recebo. Abrir-se, receber, mesmo no nível mais elevado, é sempre sexual.

Essa vida natural assume, em seguida, uma forma mais elevada, que não é mais a comunhão no nível dos sentidos e das sensações — que conhecemos nadando, jogando tênis, fazendo amor ou aspirando o perfume das flores. "Amarás o Senhor teu Deus de todo o coração, com toda a inteligência e com toda a alma." Essa expansão leva à do coração e ao Amor. Fazer bem o amor permite sempre ter acesso a uma qualidade de ser mais elevada. Se forem perfeitamente expandidos em termos sexuais, vocês verão que a própria sexualidade perderá importância, sendo substituída pelo amor. Deixamos de nos comunicar por meio dos cinco sentidos e passamos a fazê-lo pelo coração. Abro-me, logo me enriqueço; mas enriqueço o meu ser, e não o meu ter. O amor do coração é uma outra forma de comunhão na qual a sensorialidade desempenha um papel menos importante; mas vocês não podem impor restrições à sua sexualidade e crer que, com isso, expandirão o seu coração. Queimar uma etapa os levará ao fracasso. A forma mais perfeita de união entre um homem e uma mulher não é mais o orgasmo físico, mas o anímico. Esse amor purificado não cessa de crescer na plenitude do sim.

O amor começa com a mulher — ou com o marido — e os filhos, e depois se expande cada vez mais, purifica-se, torna-se cada vez menos egoísta. O amor puro finca raízes no sim, mas é difícil estar no verdadeiro sim, mesmo com a mulher que se ama, mesmo com o próprio filho. Se vocês alcançarem o amor das criaturas que corresponde ao verdadeiro sim, o amor da Criação mudará de nível e se tornará o amor do Incriado. Não nos sentiremos mais em comunhão com este ou aquele aspecto desta Criação; a nossa comunhão será com a própria Vida ou, se preferirem, com Deus. Para designar os diferentes níveis do amor, o grego clássico dispunha de três palavras: *eros*, *philia*, *agapê*.

Na origem, as religiões sempre tentaram nos considerar seres completos que participam inteiramente da existência, visando com isso permitir que vivêssemos de maneira plena e que nos expandíssemos. Uma vida sexual harmoniosa era sacralizada por um sacramento como o matrimônio. Em seu princípio, as religiões não queriam unicamente nos reprimir! Por meio do coração, entramos em comunhão com o nível que na Índia se denomina sutil e que, quando vivido de maneira perfeita, leva com muita naturalidade ao espiritual. Conheço casos de mães hindus, impregnadas desde a infância com o caráter sagrado da maternidade, cujo amor pelo filho leva diretamente ao amor de Deus. Elas representam para si mesmas que o filho é o pequeno Gopal — que é o menino Krishna —, e seu amor por ele se torna a tal ponto puro que se transforma numa prece espontânea, numa comunhão com Deus para além da manifestação grosseira e até mesmo sutil. Sentimos que estamos em comunhão, não mais com a Manifestação, mas com a energia única infinita, com a totalidade. Sou, ao mesmo tempo, a onda e o oceano, porque, se uma onda está em comunhão perfeita com outra onda, ela descobre o oceano.

Podemos aprimorar o nosso amor pelo nosso filho, pela nossa mulher, pelo nosso marido, pelo nosso melhor amigo dando um *little push* para lhes dizer sim, e dizê-lo também aos nossos "inimigos". Por que não seria possível abrir o coração? Se alguém não lhes é simpático e outra pessoa é alguém que tem uma língua que vocês não suportam, vocês jamais encontrarão Deus nem o Reino dos Céus que está dentro de vocês.

Na antiga sociedade hindu, o amor cada vez mais purificado e a comunhão com a própria vida procediam de um movimento natural. Se descobrirem a vida que vai além do ego, não mais lhes ocorrerá dizer "é a minha vida"; vocês dirão "é a Vida". A partir desse momento, vocês não mais temerão a morte. O que nasce morre. "Minha vida" morrerá quando eu morrer, mas "a Vida" não pode morrer. Vocês são animados pela vida, e a vida é eterna. E, estando libertos do medo da morte, conhecerão a perfeição da ausência de temor, a perfeição do amor, a perfeição da comunhão.

Porém, antes disso, é preciso seguir um caminho *natural* e, como costumo dizer, é preciso ser, antes de mais nada, normal, e só depois disso aspirar ao supranormal. Muitas pessoas não compreendiam por que Swâmiji empenhava-se tanto em tornar sexualmente normais pessoas que tinham neuroses nesse domínio, ele que vivia numa castidade estrita, nem por que testemunhava tanto amor pela nossa natureza ferida. Se Swâmiji se dava ao trabalho de nos reeducar por completo, ele o fazia sempre numa perspectiva espiritual. Mas, como querem vocês descobrir a grande Vida se não assumem a vida em todas as suas dimensões? Uma espiritualidade que se torna compensação da nossa anormalidade é uma espiritualidade fadada ao fracasso.

Um ser livre como Ramdas, que abandonou *tudo* aos trinta e seis anos para se entregar a Ram, não é um ser anormal. Eu não sou anormal por não andar mais de patins de rodas, quando a minha vida tinha como centro essa distração entre os dez e os treze anos. Vocês podem abandonar livremente certos aspectos da existência, mas se não expandirem por completo a sua vida em todos os seus aspectos, vocês não poderão descobrir a Vida. O crime contra a *sua* vida é o crime contra *a* Vida e, portanto, contra Deus, que se exprime pela Vida. Eis por que Swâmiji também pedia: "Sejam normais, voltem a ser normais", como criancinhas sem inibições que transbordam de vida. "*Open*", "abram-se", "*widen*", "ampliem-se", "*flower*", "floresçam". Quando cura o surdo-mudo, Cristo murmura: "*Effata*", "abre-te".

O que eu acabo de lhes dizer é, com efeito, uma verdade antiga, mas — é preciso acrescentar — eu queria que vocês a sentissem intensamente viva em vocês. Encontramos em muitas tradições religiosas a idéia de renascimento interior, resumida na frase: "Eu estava morto e voltei à vida."

É, em especial, o caso da Ressurreição de Lázaro em sua acepção esotérica. Certos místicos, sabendo que a morte de Lázaro fora devidamente constatada, que ele já estava enfaixado e começava a cheirar mal, desconfiam da interpretação literal dessa passagem dos Evangelhos. O que há de interessante no fato de um morto ressuscitar para morrer vinte anos depois? Para aquele que busca o segredo último, o essencial reside na descoberta daquilo que não pode morrer, e não na ressurreição momentânea de um corpo. Esse relato de um morto que volta à vida é uma mensagem espiritual. Lázaro está morto e Cristo lhe diz: "Sai do teu túmulo, levanta-te."

Senti junto de Mâ Anandamayi, e depois ao lado se Swâmiji, que essa fórmula se dirigia tanto a mim como se dirige a vocês todos: "Arnaud, saia do seu túmulo." Cristo devolve a vida a seres humanos que não ousam mais viver, que são como moribundos, e é esse o sentido dos milagres de Jesus, que permitem que os surdos ouçam, que os cegos vejam e que os paralíticos andem. Mesmo que esses milagres tenham efetivamente ocorrido, os místicos e a tradição esotérica não se limitam a essas explicações restritas. O importante é: em que, se vocês são surdos, Cristo pode fazer que ouçam; se são cegos, pode fazer que vejam; se são paralíticos, pode fazer que andem? Isso se aplica a todos os ensinamentos, sejam eles não-dualistas ou religiosos.

Swâmiji me devolveu a vida em todos os níveis, mas essa possibilidade de reencontrar a vida diz respeito a cada um dos seres humanos. Para mim, a imagem de Lázaro envolto em faixas é um símbolo bastante explícito: vocês esfriaram, estão mortos, sufocados pela carapaça da mente, dos medos, das idéias falsas, dos traumas, das ilusões, dos "não": "Não: você não tem o direito de viver; você não tem o direito de amar; você não tem o direito de respirar; você não tem o direito de se movimentar; você não tem o direito de se expressar; você não tem o direito de existir; você não tem direito a nada." E o guru diz a vocês: "Tirem as faixas, levantem-se, saiam do túmulo, voltem à vida, como Lázaro." Sim, abertura, crescimento, amor.

FELICIDADE, GRATIDÃO, AMOR

Por que nos voltamos muito mais para a espiritualidade, para a prece, e nos lembramos muito mais de Deus quando estamos em dificuldades e passamos por sofrimentos do que quando tudo vai bem? Deus, em seu amor, em sua compaixão, nos submete à aflição porque essas "tribulações" nos purificam e nos aproximam Dele. Todos os santos o testemunham. Mas vocês podem abordar essa questão primordial do seu ardor ou da sua tepidez no caminho sem adotar a perspectiva religiosa dualista.

Trazemos enterrada em nós uma sabedoria profunda, "*prajna*", a maior riqueza do nosso inconsciente pessoal. Essa sabedoria, que denominei "grande inconsciente", atrai as provas que nos são necessárias para progredir. Quando vemos finalmente com clareza no inconsciente e percebemos como temos agido até agora, damo-nos conta de que isso é uma bênção.

Certamente colecionar infelicidades não é em si mesmo uma bênção. Mas o é para aquele que sabe ver, aceitar, ultrapassar a superfície da existência, e que descobre, no próprio cerne da adversidade, uma paz e uma alegria incompreensíveis para os outros. No entanto, o que vou dizer é mais difícil de entender: o verdadeiro progresso espiritual exige que vocês sejam felizes. Primeiro indício, primeira visão: é pelo sofrimento que se progride. Verdade mais profunda, de acesso mais difícil: é pela felicidade que se progride. Não é fácil ser feliz, e nos agrada ouvir a afirmação de que evoluímos por meio do sofrimento. Se, além disso, quando estamos desesperados, alguém afirma que "para progredir espiritualmente é preciso ser feliz", nosso destino nos parece ainda mais cruel. Esta convicção, "é preciso passar pelo sofrimento para se libertar" — gravada em nós e difundida —, trai a verdade mais elevada. Esta, para aquele que prova ter delicadeza, inteligência do coração, habilidade no Caminho, é a de que se progride bem mais estando feliz. Mas de que felicidade se fala? A felicidade que apenas nos distrai e nos dá a impressão de não estar avançando não pode ser a verdadeira felicidade.

Swâmiji nunca empregou comigo a palavra *bliss* em inglês, que se traduz por "beatitude" e que é muito usada na Índia: *the bliss of the Self*, a beatitude do Eu. Ele empregava sempre o termo *happiness*. E um dia, quando usei esta palavra, ele me interrompeu: "*You dont't know what is happiness*", "Você não sabe o que é felicidade" — num momento em que havia muitas satisfações na minha vida, muito sucesso, muitas das coisas com que todos sonham. Depois de anos difíceis, quase tudo me fora enfim concedido. "*You don't know what is happiness, Arnaud.*" E *happiness* não é algo que venha apenas da beatitude do Buda ou de um *samadhi*, é simplesmente ser feliz.

Todos os místicos tentam fazer com que partilhemos de sua descoberta: a felicidade existe, mas é só em Deus que vocês a encontram. Deus, se posso utilizar essa palavra, dando-lhe o sentido que vocês quiserem, um Deus panteísta, um Deus pessoal, um Deus impessoal, um Deus último, a Divindade, é o auge da felicidade, a única felicidade absoluta. Essa afirmação também corresponde à minha experiência e à minha convicção pessoal.

Mas, de início, o que nos permite falar de "Deus"? Mesmo que se admita uma revelação, essa revelação passou por homens. Ou esses homens deliraram, projetaram, imaginaram, e, nesse caso, que valor tem essa revelação? Nenhum. Ou eles sabiam o que testemunhavam, caso em que se é levado a dizer que Deus é uma experiência acessível ao homem. Ou ainda (e é o que pensam certos filósofos) não há nenhum Deus, a teologia é um absurdo e a religião, uma doença infantil da humanidade, ou então os homens que falaram de Deus alcançaram a "realização", mesmo que se trate de uma "revelação", pois é uma revelação encarnada.

Isso levou Swâmiji a dizer algo que, diante da minha velha base de educação cristã, me chocou antes que eu me abrisse ao sentido do que era dito: "*God is the highest possibility of man*", "Deus é a mais elevada possibilidade do homem". Hoje concordo com essas palavras. Toda a teologia afirma que Jesus Cristo era 100% homem. Jesus Cristo não era 50% homem e 50% Deus; era 100% Deus e 100% homem. Logo, ao menos um homem sabia do que falava. Deus — e isso se aplica a todos nós — é a mais elevada possibilidade do homem. Uma frase como essa nos interpela muito mais do que a projeção de um Deus inacessível no céu longínquo. Mas quantos homens se aproximam dessa possibilidade? E essa possibilidade reside em duas palavras conhecidas que, para concluir, se unem e formam uma só: o amor (mas que amor?) e a felicidade.

Essa felicidade precisa ser entendida de uma maneira inteiramente nova. Ser feliz representa o auge da espiritualidade, mesmo que, quando se é normalmente feliz, se tenha também a tendência para esquecer a vigilância, para não mais pô-la em prática, para se deixar levar, esperando que as coisas voltem a dar errado e que seja despertada em nós a aspiração de não mais sofrer, de evitar as emoções, de encontrar uma realidade em que tudo seja resolvido.

A espiritualidade mais elevada emana da felicidade e não do sofrimento, porque Deus é amor e felicidade — "beatitude", se quiserem uma palavra suprema. E como a felicidade suprema poderia ser o ponto culminante do sofrimento? A felicidade última provém do auge da alegria. Os progressos no Caminho, os verdadeiros progressos, manifestam-se por um aumento da nossa felicidade: "Sou mais feliz." Mas de que satisfação se trata? Mais feliz na qualidade de cônjuge, de mãe, de músico, de proprietário de uma bela casa. Apenas a mente, a cegueira, nos faz atribuir ao sofrimento um valor errôneo. O sofrimento se revela às vezes indispensável, ele faz parte do nosso caminho, e devemos passar por ele a fim de limpar o terreno e ter acesso à felicidade. Mas pode haver aí um erro de avaliação, de compreensão, uma estupidez do coração, que nos faz associar, de um lado, espiritualidade e sofrimento, e, do outro, felicidade e mundo profano. Toda alegria de viver se torna então, nessa abordagem, parte do materialismo e do egoísmo: presunção, sensualidade, prazer, gozo. *Sun, sex and sea*, os 3 "S" do Club Méditerranée: sol, sexo e mar.

Eu não disse que o ponto culminante da espiritualidade era o Club Méditerranée, mas sustento que, onde reina a felicidade, Deus se exprime. Se trazem em si bloqueios, mágoas, vocês terão dificuldades para aceitar essas propostas. Quando alguém lhes diz: "O auge da espiritualidade é levantar à noite e formar uma cruz com os braços", isso não lhes parece impossível. Mas dizer que o auge da espiritualidade é ser feliz... não, isso não pode ser verdade. Arnaud se engana. Isso é hedonismo, epicurismo.

Por mais cruel que seja entender esse fato, ele ainda assim é verdadeiro. Se vocês de fato fossem honestos, reconheceriam que tudo o que querem é ser felizes. Então, por que mentir para si mesmos? Eu gostaria de fazê-los sentir a grandeza do que Swâmiji evocava com a palavra *happiness*. *"The Sage is a happy child"*, "O Sábio é uma criança feliz". Ramdas citou um dia, diante de mim, uma afirmação bem conhecida de Aurobindo: "Deus é uma criança eterna que brinca num jardim eterno." O sábio volta a ser como uma criancinha, como o disse Cristo. Mas vejam a infelicidade: essas palavras são tão conhecidas que perdem seu riquíssimo conteúdo. Uma afirmação como essa é terrível de ouvir. O que sou diante de uma criança feliz, *a happy child*? Sou um pobre adulto infeliz, no sentido mais comum da palavra adulto: alguém que perdeu a graça, o frescor, a inocência da criança, que já não tem capacidade de uma alegria pura, que complica tudo, que põe sofrimento em toda parte, que tem medo de ser feliz e que, além disso, quando as coisas correm melhor, volta a adormecer.

* * *

Quero transmitir a vocês outra expressão igualmente importante no vocabulário de Swâmiji: *heart-felt gratitude*, uma gratidão que vem do fundo do coração. A gratidão é o primeiro sentimento real de onde nascerão a fé, a esperança e a caridade. Não há fé de que o coração não participe. E a esperança nos promete: "A realidade suprema é a luz, e não as trevas." Podemos nos lembrar, nos dias em que o céu está cinzento, de que o sol não desapareceu para sempre. Eu lhes proponho de início descobrir esse sentimento tão precioso: a gratidão. Ela é o oposto da frustração. Os adultos nunca são crianças felizes brincando num jardim eterno, são crianças frustradas: "Não me amaram o bastante, não me reconhecem o bastante, não me satisfizeram o bastante." Retomo as palavras de Swâmiji, dirigidas a mim numa época em que, no entanto, as pessoas me invejavam: "*When Swâmiji saw that you were so miserable*", "Quando Swâmiji viu que você estava tão infeliz, tão digno de pena". É o que disse Cristo: "Sois sepulcros caiados." Estamos aí, sorrindo, afáveis, mas o que há por trás disso? Um sofrimento! Ser verdadeiramente feliz é ser verdadeiramente feliz. E só o fato de ser feliz fará crescer em vocês esse primeiro sentimento fora do qual não há caminho que leve longe: a gratidão. É a gratidão que leva ao amor. A gratidão para com Swâmiji fez com que certo dia o amor, o verdadeiro amor, se elevasse no meu coração por ele, e não mais uma ambivalência de necessidade dele e de medo.

Não nos enganemos com a palavra "Amor". Um tibetano me disse: "Não há maior amor que o do caçador pela presa que persegue." E acrescentou: "É o amor do discípulo comum pelo guru." Sim, o caçador passará toda uma noite andando na neve para atirar na cabra montês bem-amada. Oh, que amor! Ele só pensa nisso! Assim como o discípulo com relação ao guru, que sente de início: "Preciso dele e será preciso que ele me dê aquilo de que necessito. Vou usá-lo." Concordo. Porém, pouco a pouco, que elemento novo nos modificará o coração? No sentido mais espiritual: a gratidão. E como vivenciaremos esse sentimento de gratidão, não apenas pelo nosso guru mas também por nós mesmos, pela vida, pelo destino, a não ser que, enfim, sejamos felizes? A gratidão diante da vida é o primeiro sentimento real. O resto não passa de fabricações da mente, que jamais lhe darão satisfação e jamais constituirão um caminho de libertação.

Como podem vocês sentir gratidão no sofrimento? Vocês só irão sentir gratidão por seus sofrimentos se eles os levarem a uma qualidade de felicidade que antes desconheciam. Nada há de inteligente em não ser feliz. Todos aspiram à felicidade. As pessoas não são inteligentes porque não descobrem o segredo dessa felicidade. Há somente a felicidade absoluta, a felicidade última, a felicidade não-dependente, e o elemento espiritual vem esclarecer as satisfações comuns e fazer delas verdadeiramente uma alegria sem sombras. Falo da felicidade em si mesma. Que medo de ser feliz — porque se corre o risco de que isso não dure, porque é errado ser feliz quando pessoas sofrem! ... Que egoísmo! Em que o fato de eu sofrer diminui o sofrimento no mundo? O hábito do sofrimento acabou por constituir em vocês um conjunto de opiniões ou de falsas visões. Vocês querem ser felizes e ao mesmo tempo não dão a si mesmos esse direito.

Se Deus é a mais elevada possibilidade do homem, a mais elevada possibilidade do homem só pode ser o auge da felicidade. Não tenham medo. Sejam felizes. E tirem do espírito a idéia de que a espiritualidade se associa facilmente ao sofrimento, mas não à felicidade. A felicidade é comum, é humana, é para todos. Para todos? Que pena, para muito poucos!

Associa-se à palavra "felicidade" o termo "recriação". A felicidade não cessa de nos recriar. O que é incrível é o fato de que, devido a mecanismos neuróticos, sentimos que existimos quando sofremos. Mas "existir", no sentido etimológico, "*ex-stare*", significa sair do ser para dirigir-se à expressão, à manifestação. Se existimos na qualidade de manifestações de Deus, viver é ser feliz. Caso contrário, há alguma coisa que não vai bem. A mente interfere em algum lugar. Os sábios são pessoas felizes, e o discípulo progride à medida que é cada vez mais feliz. E se quisermos entender essa felicidade apenas como felicidade mística, suprema, não estaremos sendo justos. Ou então, dirijam-se para um mosteiro, tornem-se grandes carmelitas, como Santa Teresa de Lisieux. Porém, mesmo nos conventos as monjas sabem rir. Terrível ou não, difícil ou não, o que há de belo, de nobre, de religioso, de místico é ser feliz, ainda que haja também uma maneira tola de compreender a euforia. Não se pode dançar durante todo o dia dando gritos de prazer a pretexto de celebrar a alegria de viver.

Por que sentimos que a felicidade comum nos faz adormecer em vez de nos aproximar sempre mais de Deus? Porque não experimentamos efetivamente esse sentimento de gratidão. Vejam como é curioso: "Vai tudo bem neste momento; as coisas vão indo, ponho muito menos coisas em prática porque as coisas vão indo bem." Tudo bem, vocês não foram dominados pelo sofrimento. O sofrimento também é uma bênção se se tornar a passagem que lhes dará a compreensão e lhes permitirá que sejam felizes de uma maneira nova, diferente. A felicidade que nos afasta de Deus e do Caminho, e que nos torna menos motivados para praticar é uma felicidade medíocre, uma felicidade morta, não é a felicidade. Ela não faz nascer em vocês e não alimenta o sentimento de gratidão pela existência.

Quando sentimos gratidão, aproximamo-nos de Deus. Mesmo que vocês não pronunciem a palavra "Deus", mesmo que, como os budistas, descartem a idéia de um Deus pessoal, aproximando-nos da luz, da totalidade, da energia universal, do amor. A progressão natural consiste em ser cada vez mais felizes e, portanto, em sentir cada vez mais gratidão. A gratidão é o caminho normal e natural; o restante pertence às perversões da mente. A gratidão leva ao amor. Mas não ao amor-exigência, o amor do caçador pela caça. Não confundam o amor-mendicância com o amor-plenitude que vem do reconhecimento. E como vocês querem experimentar esse sentimento se são frustrados? Vocês não podem sentir gratidão pela vida, pelo destino, pelo mundo, mas antes de tudo por si mesmos, sim, gratidão por si mesmos: vocês bem sabem que não amam a si mesmos e que todo o mal vem disso.

Não amamos a nós mesmos porque não sabemos como nos tornar felizes. Temos sido para nós mesmos, e desde a infância, uma causa de sofrimento. Ouvi, aos seis anos, uma conversa de adultos a propósito de um primo cujos belos cachos louros eram elogiados. Eu, que tinha visivelmente cabelos pretos e lisos, ao ouvir aqueles elogios que não se dirigiam a mim, senti-me muito mal! Como teria eu podido me amar? Eu não me perdoava pelos meus cabelos. Eu era muito franzino: nada de músculos, incapaz de subir no pau de sebo, nada. Eu também não me perdoava por isso. Passei a infância a me julgar, a me recusar. E fui obrigado, em compensação, a me orgulhar de algumas características graças às quais eu podia amar a mim mesmo. Esse mecanismo produz a vaidade e o egocentrismo. É muito simples de se perceber. O mal não vem daquilo que vocês amam muito, mas daquilo que vocês não amam. A coisa mais divina que pode acontecer com vocês é ter gratidão por si mesmos: "Consegui ser feliz, em vez de sempre voltar a cair nos sofrimentos."

Certo dia, cheguei mesmo a dizer obrigado a Swâmiji, embora na Índia tradicional jamais se diga "*thank you*". É preciso encontrar uma frase original que venha do próprio ser. Mas eu disse obrigado a Swâmiji por estar habituado a falar como ocidental: "*Thank you, Swâmiji.*" E eu estava sendo sincero; não se tratava de um "*thank you*" da boca para fora. Ele me respondeu: "*Thank yourself, Arnaud*", "Agradeça a si mesmo". Por um instante, não compreendi. Depois senti, não com a cabeça, mas com o coração, o que ele queria dizer: "Você é feliz graças a Swâmiji? Muito bem, agradeça a si mesmo por ter vindo ao *ashram*. Agradeça a si mesmo por ter permanecido, em vez de desistir diante da primeira dificuldade. Agradeça a si mesmo por ter ouvido Swâmiji em vez de responder 'sim, mas...' assim que ele abrisse a boca."

A gratidão com relação a si mesmos: eis um dos primeiros sentimentos religiosos que vocês podem conhecer. Não se trata de egoísmo. O egocentrismo é aquilo a que somos condenados quando não podemos nos amar. E o amor por si mesmo, que não é vaidade nem amor-próprio, o verdadeiro amor, virá pelo reconhecimento: "Oh, finalmente fui capaz de me fazer feliz!"

Mesmo que a felicidade venha de fora, como vocês poderão atraí-la e recebê-la? Por um lado, vocês a atraíram, e por outro a receberam. Ocorre de atrairmos uma graça, uma bênção da vida, sem que sejamos capazes de recebê-la; ela nos é concedida, mas nada fazemos com ela. É claro que se vocês recebem a felicidade de fora, há simultaneamente o medo de perdê-la, uma vez que esse "ser-que-não-é-vocês" pode tirar o que lhes deu, e vocês acham difícil unificar-se completamente em sua alegria presente. Vocês não podem de fato contar com coisa alguma. A felicidade humana pode sempre nos trair, pois o karma, as cadeias de causas e de efeitos, estão agindo. O ser que mais nos ama pode morrer. Eis por que cada momento feliz deve ser iluminado pela espiritualidade.

O Caminho leva em consideração todas as verdades relativas, e os levará para além, para a não-dependência, para a descoberta do Eu. Contudo, para alcançar o que procuram, o absoluto, a alegria, a paz, a plenitude não-dependente, qual é o método? É essa expansão que culminará num sentimento inabalável de gratidão e de amor: amor por si mesmo, amor ao próximo, amor à vida.

* * *

É verdade que uma certa maneira de ser feliz nos leva a abandonar a prática. Esquecemo-nos dela durante dias inteiros. Mas chamo a sua atenção para um ponto: essa felicidade sem consciência não faz nascer em vocês o verdadeiro sentimento de gratidão. Não tenho nada contra os Clubs Méditerranée. É a imagem da felicidade comum. Vocês passam quinze dias num Club Med. Faz bem, vocês ficam contentes! Vocês sorriem para a mulher que amam, encontram pessoas simpáticas, a comida é boa. São quinze dias durante os quais vocês de fato ficam felizes. Mas não falta o sentimento religioso de gratidão? Eis onde reside a diferença com relação à "*happiness*" de Swâmiji.

É porque vocês ainda não são felizes o bastante que não lhes vem esse sentimento de gratidão. E num Club em que tudo está bem, vocês tomarão consciência: "Durante duas semanas, não pensei uma única vez no Caminho." Tanto melhor! Durmam, pratiquem o hedonismo comum e descansem. Mas depois, pode-se esperar mais, infinitamente mais: uma felicidade sentida conscientemente. Eis a diferença fundamental que Swâmi Prajnanpad acentuava entre *bogha* e *upa-bogha*. *Bogha* é geralmente traduzido para o inglês como "*enjoyment*", que quer dizer "rejubilar-se", "estar feliz". Por vezes, a tradução é "*to indulge*", isto é, "entregar-se" aos prazeres. Mas isso não é *bogha*: é apenas *upa-bogha*. Vocês não têm um sentimento real; é como se não recebessem nada. Alguns falam também que, ao comer, nem sequer percebem o que há no prato e, no final da refeição, seriam incapazes de dizer o que lhes foi servido. Com *upa-bogha*, a felicidade comum, vocês são levados, não havendo apreciação consciente — logo, também não há gratidão consciente.

Eu lhes asseguro que esse sentimento de gratidão não se intensifica por si mesmo porque vocês não ousam verdadeiramente ser felizes. Quando vocês ousarão ser felizes? Digo que os golpes da sorte são possíveis, e até mesmo prováveis. O bebezinho de minha filha Muriel morreu. Isso só acontece com os outros. Não posso prometer a vocês que seu filhinho chegará aos oitenta anos. Nunca comparem outro destino com o de vocês. Sejam sérios, a questão é grave: como vocês se tornarão felizes? Não me digam que para vocês a única felicidade possível é meditar em sua cela de monge ou de monja. Mas a plenitude tampouco consiste em ser amado por uma vedete célebre nem dar autógrafos aos admiradores na saída da sala Pleyel, se bem que a felicidade possa assumir uma forma humana bastante concreta. Estejam atentos ao fascínio e ao que é puramente neurótico.

Swâmiji nos ensinou a ser felizes. E uma parte do seu trabalho era comparável ao de um psicoterapeuta: ele curava o nosso coração ferido, não apenas por meio dos *lyings*, mas também por meio das conversas. Ele nos ajudava a nos desembaraçarmos dessa maldição que cristalizamos num sistema bem organizado para nos mantermos numa forma de sofrimento ou em outra.

Um dia, ousei dizer a mim mesmo: "Quero conseguir ser feliz" — e não mais ter *samadhis* como sonhava antes. "*Be happy*." Sinto em mim um coração de criança? Estou de fato sereno no plano concreto e na minha vida como um todo?

Por meio da frustração, vocês não chegarão a parte alguma. Por meio da felicidade comum, sem o sentimento de gratidão, também não chegarão a parte alguma. Cada um conhece a sua mente, as suas dificuldades, os seus principais bloqueios, os seus medos e as suas distorções, mas ignora a dimensão que reside no fato de se sentir pleno. Trata-se de um sentimento místico, e vocês têm tanta dificuldade de compreendê-lo quanto eu tive. "Quero coisas grandiosas, mas não as pequenas alegrias humanas". Estamos nesta terra para sentir felicidade. Deus é felicidade, pois Deus é a segurança absoluta. Descobrir Deus em si mesmo, sentir-se amado por Deus, sustentado por Ele, levado por Deus como a onda o é pelo oceano, é a realização suprema. E vocês encontrarão Deus por meio do amor, o amor por meio da gratidão e a gratidão por meio da felicidade. Deus é essa felicidade não-dependente que subsiste na traição, na prova, no fracasso. Na superfície, o karma continuará. Ananda, a beatitude, é a realidade última do nosso ser, a mais elevada possibilidade do homem, que alguns sábios e santos atingem aqui embaixo — ao mesmo tempo amor e júbilo, um oceano de amor, um oceano de alegria.

É a felicidade humana dependente que os levará à serenidade não-dependente. Vocês podem entender isto: cada vez mais feliz, cada vez mais feliz? Swâmiji morreu no final de 1974. Em setembro de 1973, pude enfim dizer a ele: "Começo a ousar ser feliz", sabendo que se tratava de uma etapa muito importante aos seus olhos. Que podia eu lhe dizer de mais belo? Não é por certo a tristeza do homem que canta a glória de Deus. O sucesso supremo de uma vida consiste em ser feliz no âmago daquilo que os outros chamam de sofrimento. Como vocês chegarão a isso? Nenhum de vocês é um novo São Francisco de Assis nem uma nova Santa Teresa d'Ávila. Então, como irão ser verdadeiramente religiosos? A gratidão é o primeiro sentimento religioso puro. E ela virá quando vocês ousarem ser felizes sem nenhuma restrição por trás disso.

Comam salsichão, se gostam, enquanto escolhem a garrafa do seu vinho preferido. Isso é espiritualidade. Algum dia, vocês deixarão de ter necessidade desses prazeres inofensivos. Obrigado pelo que a vida me dá, obrigado pelo que ela não me dá. Enquanto isso, a felicidade mais "material" se revela espiritual se vocês sentirem a gratidão. Se ousarem ir até o fim da reconciliação com vocês mesmos e reencontrar sua alma de criança, é todo o coração que agradece: "Que tarde agradável passei!", nem que seja por terem rido com um filme de De Funès. Tudo se tornará religioso quando tudo se tornar feliz. Muitos me dizem: "Eu gostaria de viver no amor." Vocês formulam mal a questão: "Eu gostaria de me sentir menos egoísta" seria mais acertado. Alguns progrediram o suficiente para afirmar:

"Não sinto amor ou não sinto senão o amor do caçador pela caça; 'amo' quer dizer 'ame-me', o que é mendigar amor."

Eu também sofri por não ser capaz de amar como Swâmiji amava, como Ramdas amava, como os santos amaram. É um sofrimento precioso. Mas o que posso fazer para amar? Como abrir meu coração? Vocês se apressam para pôr na frente a palavra amor, quando é preciso começar com a palavra gratidão. É impossível amar sem gratidão. É muito mais belo amar do que ser amado. Vocês todos o conseguirão se o desejarem. Se vocês adoram seu filhinho, isso não é muito difícil. Como ter um sentimento de amor por todos, mesmo pelas pessoas ingratas, de difícil convivência em seus próprios sofrimentos? Vocês não alcançarão o amor sem um imenso sentimento de gratidão no coração.

Aquilo que no cristianismo se chama ação de graças é a expressão da gratidão; mas é preciso que venha do coração. Se vocês são infelizes, é vão cantar o cântico de Daniel — "Nuvens e chuva, louvai o senhor" — ou o de Francisco de Assis. Por meio do louvor, o povo de Deus manifesta a sua gratidão. Mas que reconhecimento vocês exprimem? "Ó Deus, nós Vos rendemos graças por todos os Vossos benefícios" trai uma espécie de súplica: "Ó meu Deus, como seria bom ser feliz; vamos fazer de conta que o somos." Recitei preces como essa todos os domingos da minha juventude. Mas se não sonhamos e permanecemos na verdade, como a gratidão nascerá em nós? E o que nos impede de ser felizes? O peso do passado, os bloqueios psicológicos, os medos, as idéias falsas: eis por que praticamos o *chitta shuddhi*; uma mente poderosa, eis a razão pela qual tentamos destruir ou dissolver o mental (*manonasha*).

Como se pode sentir gratidão a partir da frustração? Uma vez que a vida não lhes dará necessariamente tudo, saibam ao menos aproveitar de todo o coração o que ela lhes oferece. Depois disso, empreendam a busca de uma felicidade que iluminará todas as tragédias. Deus me leva nos braços como a mãe carrega o seu bebê. Se não aceitam a palavra "Deus", digam "Shakti", a "Mãe Divina", a "Vida universal", o termo que vocês preferirem. Essa descoberta é uma experiência fundamental. Certo dia, terminei por ver o que recebera de todos os sábios que me trouxeram benefícios: seu olhar, seu sorriso, seu interesse, seu ensinamento. O que eu posso fazer por eles? Dar dinheiro ao *ashram*, dar dinheiro a uma *khanaga* sufi? É muito pouco. Não posso traí-los sendo infeliz. Isso seria cuspir no que eles me deram e calcar com os pés a sua bênção. Serei feliz por amor a eles.

* * *

Para começar, aprendam a apreciar completamente o que lhes é dado. Mantenham com honestidade o seu livro de registros. "Sim, se o meu filho está doente e..." No entanto, no momento ele goza de boa saúde. Por que só marcar no livro de registros interior o que não está indo bem e nunca o que vai bem? Se levanto, num certo dia, com dor nas costas, eu registro isso. Mas se desperto muito bem, isso é normal, não sinto nenhum bem-estar. Quando Swâmiji me mostrou essa arbitrariedade, lembro-me de que não estava em tão boa forma nem muito feliz. Levanto-me, tomo consciência do fato de não me sentir mal. Se eu estivesse paralisado e me prometessem o milagre de pernas voltando completamente ao normal, que felicidade seria! Não sinto nenhum sofrimento físico, que felicidade! Um pequeno café bem indiano mas muito bom, com feijões verdes, legumes e arroz, me é servido e tenho o rio para me lavar, que felicidade! Registro o que tenho e não o que não tenho. Assim, levo em consideração tudo o que me é apresentado: "Há mosquitos e minha erva-cidreira acabou..." "Sim, mas tenho um mosquiteiro para a noite!" O fato de eu ter feito esse reconhecimento objetivo no *ashram* de Swâmiji foi uma revelação: como eu podia estar tão feliz se não acontecera nada de novo nem de especial? Essa visão eqüitativa aproxima vocês do seu estado natural, que é a plenitude. Por que vocês vivem na pobreza do coração? O simples fato de não sofrer não faria surgir a gratidão em vocês. Ao final de três dias, eu estava feliz! E vocês também, vejam o que lhes é dado.

Não se recusem a ser felizes aqui e agora, a pretexto de que não o foram antes e poderão não sê-lo amanhã. Se estão num restaurante com uma pessoa de que gostam e saboreiam pratos que vocês mesmos escolheram enquanto bebem o seu vinho preferido, rejubilem-se. Sim, a refeição não durará mil anos, amanhã vocês estarão de novo no trabalho, mas, pelo menos agora, sejam felizes.

Não gosto muito da palavra "dever". Swâmiji dizia: "O homem enquanto homem não tem dever; apenas o direito e o privilégio", "*Man as man has no duty, man has only right and privilege*". Um professor não tem o dever de ensinar, tem o direito de ensinar. Um médico não tem o dever de curar, tem o direito de curar. No entanto, permito-me hoje usar a palavra "dever": é um dever sagrado ser feliz, e é uma traição, uma blasfêmia, não o ser. Eu não os condeno, mas o que não vai bem? Façam uma avaliação melhor de tudo o que a vida lhes dá. Isso irá deixá-los maravilhados nos dias vindouros e depois vocês não precisarão mais parar.

Não agarrem com avidez o que lhes é dado; acolham-no de mãos abertas. A palavra inglesa "*lust*", que se costuma traduzir para o português como "luxúria", seria traduzida com mais propriedade simplesmente por concupiscência. Lembre-se da frase de Mestre Eckhart: "Podes aproveitar todas as boas coisas que a vida te dá se sabes que estás pronto a abandoná-las se necessário, de imediato e com a mesma alegria." Por agora, a vida não toma de volta tudo o que lhes oferece. Ousem querer ser felizes. Isso não é egoísmo. Peçam a Deus, peçam à vida o que quiserem para ser felizes, mas aceitando que "seja feita a Vossa vontade". Vocês têm o direito de desejar, de desejar com tanta intensidade que consigam atrair, "mas que seja feita a Vossa vontade". Tudo é graça, não me esquecerei disso; a tudo direi "sim".

É justo e legítimo querer a felicidade. "Ah, não, eu só deveria pedir a felicidade divina! Isso é verdadeiramente espiritual; não quero nada mais do que o próprio Deus." Esqueçam-se de que a moral da sua infância talvez pregasse, antes de mais nada, a austeridade: "Não estamos na terra para nos divertir, mas para cumprir o nosso dever, para trabalhar honestamente." O que seria totalmente fora de propósito para um homem maduro torna-se muito natural para um jovem de vinte anos. Se um homem de quarenta anos empurrasse, durante um dia inteiro, um pequeno cortador de grama de brinquedo, isso nos pareceria um tanto curioso. Em contrapartida, é algo totalmente natural para uma criança de dois anos. É compreensível que uma menina vá dançar na discoteca. Mas, para algumas de vocês, isso não faria parte do contexto familiar.

Se uma forma de educação demasiado rígida esteve ao mesmo tempo impregnada de religião, vocês poderão ser levados a concluir que Deus exige de vocês apenas a austeridade. Nada mais errado. O que é um Pai? Aquele que quer satisfazer as esperanças dos seus filhos. Não se trata de mimá-los. Não. Mas de dar. "Papai, posso ir aos esportes de inverno com a turma?" Talvez vocês não tenham o dinheiro necessário para pagar os esportes de inverno para o seu filho, mas Deus tem o universo inteiro para satisfazer nossos desejos. Ousem pedir. Também haverá sofrimento; vocês não podem evitá-los a todos: o côncavo implica de maneira inevitável o convexo. Isso é certo, vocês não terão apenas o côncavo. Mas isso não é uma razão para não se rejubilarem com o que pode torná-los felizes.

A diferença entre a felicidade que os faz adormecer e a felicidade divina reside nesse sentimento de gratidão. O amor-exigência não é o amor. Se dizer a uma mulher (falo como homem) "eu te amo" significa "é por você que eu quero ser amado e não por outra", isso pode ser lisonjeiro para essa mulher, mas não é amor digno desse nome. Vocês vêm outra possibilidade de atingir esse amor além da gratidão? É uma bela prece pedir: "Eu gostaria de amar, de não ser mais prisioneiro do meu egocentrismo e da minha infantilidade." Mas peçam também como prece: "Eu gostaria de sentir gratidão." A primeira palavra religiosa, mística, é "obrigado". Como na Índia a palavra "obrigado" não é usada, sendo necessário que cada um encontre sua fórmula original, um quarto de hora antes de morrer, Ramana Maharshi, estando perfeitamente consciente, disse àquele que o servia: "Os ingleses têm uma palavra, '*thank you*'. Direi simplesmente: estou contente." Até mesmo as últimas palavras que se conhecem desse sábio sublime foram uma expressão de gratidão.

O Caminho da liberdade não consiste apenas em "cumprir o dever", mas também em ser feliz e até mesmo em se divertir. Todos têm os seus impedimentos: a educação, os maus hábitos físicos, emocionais e mentais que nos mantêm no sofrimento, incluindo-se igualmente a convicção inconsciente de que, enquanto se sofrer, se terá uma chance de atrair o amor esperado, pois uma criança infeliz geralmente atrai o amor da mamãe. Se está alegre, o menininho fica brincando sozinho no quarto. Se chora, mamãe o tomará em seus braços: "Meu queridinho! O que aconteceu? Eu te amo."

* * *

Mais uma questão. Inicialmente, falarei a respeito do sofrimento, mas entendam isso também a partir da felicidade humana que os conduzirá até Deus. Quando sofremos, sentimos que existimos. É cruel, doloroso, mas essa dor é acompanhada de um certo sentimento de ser, de uma certa consciência de ser. Em que condições posso sentir que de fato existo na felicidade em vez de me sentir existir no sofrimento? Se quiserem progredir, vocês precisam dissipar os preconceitos que impedem esse desenvolvimento. Como podem vocês "ser" e "crescer" na felicidade? Se o procurarem, irão encontrá-lo. Sim, é preciso ser feliz. A felicidade é um dever sagrado. Peçam: as preces são atendidas se forem insistentes. Todos os mestres o dizem. Vejam tudo o que a vida lhes deu, mesmo que seja uma felicidade ainda frágil. Se forem capazes de apreciar o fato de a água correr quente de sua torneira, vocês apreciarão a alegria de ter um marido que, afinal, é um bom marido, e um filho muito gentil. Não se preocupem hoje em saber se o destino pode tirá-los de vocês. Vivendo no medo de perdê-los, vocês não respeitam Deus, que os deu a vocês. Vocês não apenas não ousam pedir como também, quando Deus atende suas preces, não sabem receber as suas dádivas.

Agora podemos dar um passo além, ir ao próprio cerne da busca: o estado desprovido de ego (*egoless state*). Eis por que resistimos à felicidade: porque o ego se perde. E isso é compreensível. Esse ego com o qual vocês se identificam, que os mantém na dualidade, representa tudo o que vocês conhecem — graças a ele, vocês sentem que existem —, ao passo que a sabedoria hinduísta nos propõe um estado-sem-ego. Quando se é verdadeiramente feliz, o ego morre. O sentido de individualidade separada (*ahamkar*) se apaga na felicidade e na gratidão. O ego só pode se manter lamentando-se, mendigando, exigindo, lutando, permanecendo voltado para si mesmo, repisando seus problemas. Deixei para o fim o ponto mais importante, que é a razão de ser última de tudo o que eu lhes disse. O ego recusa-se a ser feliz porque, desse modo, desaparecerá. Ele só pode subsistir sendo contra alguma coisa. "Sim" ou "Obrigado" exprimem o contrário do egoísmo. O desaparecimento do ego só é obtido por meio da felicidade e da gratidão. No entanto, a mente se mostra a tal ponto distorcida que chega à conclusão de que ser feliz é um estado mais egoísta do que ser infeliz. Se eu fizesse uma pesquisa perguntando a pessoas que nunca refletiram com seriedade sobre esta pergunta: "O que lhes parece mais egoísta: ser feliz ou sofrer?", elas me responderiam: "Ser feliz."

Deus só se revelará a vocês sob a forma da felicidade. Essa felicidade pode ser a da carmelita Teresa de Lisieux ou a de São Francisco de Assis, que morreram doentes e radiosos. Essa alegria pode surgir com base no sofrimento: o sofrimento aceito transformar-se-á em beatitude. Não deformem os textos místicos. "Deus é amor." Poderia Deus manifestar-se a vocês como sofrimento? Deus prepara o caminho por meio das provas. Ele envia um emissário, que é o sofrimento. Mas o próprio Deus só vem até vocês como felicidade. O desaparecimento do egocentrismo, a morte de si mesmo, de que tratam os ensinamentos espirituais, realiza-se na plenitude. Ser feliz é morrer para si mesmo. Esse é o ensinamento último. Os textos hinduístas apresentam a união sexual como uma forma muito elevada de felicidade humana; e se for realmente bem-sucedida, essa união é o suicídio do ego, pelo menos momentâneo. Mas há mil maneiras de amar: cuidar dos leprosos, rezar pelo mundo, ajudar um vizinho em dificuldades, dar dinheiro para uma obra humanitária.

O ego só pode subsistir com base em velhos sofrimentos e em frustrações. É o passado sempre presente hoje. Uma criancinha não tem ego; mais tarde, o ego se forma; e, ainda mais tarde, o Sábio volta a não ter mais ego. O sentido da *ahamkar* só sobrevive por meio da lembrança do sofrimento e do medo de que este retorne. Se é feliz, ele se abre. A abertura é sempre o inverso do ego. O medo de morrer para si mesmo trai o medo de se descobrir, finalmente, feliz: não sei mais contra o que lutar, não sei mais a que resistir. Por um momento, não se perguntem onde vocês vão saltar; perguntem para fora de onde vocês querem saltar. Não posso mais ficar neste apartamento porque é muito quente. Vou ver se os bombeiros tiveram a boa idéia de fazer a cobertura. Mas uma coisa é certa: quero saltar, saltar para fora da minha velha vida, da minha personagem medíocre, da minha prisão. E onde vocês vão saltar? Na felicidade. Saltar na felicidade é saltar para fora do ego.

A libertação pela felicidade: é simplesmente este o ensinamento de Swâmiji. E é compreendê-lo muito mal levar em consideração apenas os *lyings*, que consistem em reviver os sofrimentos da primeira infância. "*To be free from the pain one has to be the pain*", "Para livrar-se do sofrimento, é preciso ser o sofrimento". Isso é verdade, e portanto: sim ao sofrimento. A partir disso, alguns entenderam: "O caminho consiste em sofrer. É preciso mergulhar no sofrimento e, como não se sofre o bastante na vida, tem-se de sofrer mais no *lying*." Swâmi Prajnanpad lhes diz exatamente o contrário: "*Be happy.*" Como contei num livro precedente, ao final da minha primeira estada, eu queria que Swâmiji me desse um mantra ou uma fórmula que resumisse numa frase seu ensinamento. "Quando você partir, Swâmiji lhe dará." Na manhã seguinte, tomei meu desjejum bem cedo e fui me prostrar diante de Swâmiji: "*Be happy, Arnaud*", "Seja feliz, Arnaud". "*Be happy, Arnaud*", primeira afirmação. Segunda afirmação, alguns anos depois: "*You don't know what is happiness, Arnaud*", "Você não sabe o que é felicidade, Arnaud". Hoje eu sei. Não apenas não é ruim ser feliz como também é a única derrota possível da mente. A mente se confunde com aquilo que impede vocês de ficar à vontade. Certo dia, eu disse a uma mulher: "Para você, a mente é aquilo que a impede de se lançar nos braços daquele homem dizendo 'eu te amo'."

Lembro-me como eu mesmo me debati com isso. Fui criado com idéias evangélicas mal compreendidas: há pessoas egoístas que se dedicam ao prazer, que se divertem, que se alegram sem sentir vergonha. O que lhes peço é bem mais terrível do que levantar todas as noites à uma hora da madrugada para meditar, bem mais terrível, porque é a morte do ego. O que se torna o ego quando não pode mais se queixar, quando não pode mais sofrer, quando não pode ser contra...?

Como pode o amor de Deus se manifestar para vocês a não ser lhes propondo a felicidade? É tão simples... Perdoem, acolham, recebam, mantenham em ordem o livro de registros. Todos os sofrimentos que vocês tiveram na época em que estavam tão infelizes serviram de passagem para a felicidade. Vocês mergulham em seus sofrimentos para passar por eles. No cerne do sofrimento plenamente aceito, vocês sentem a felicidade. É uma blasfêmia não ser feliz. É opor-se a Deus. Mais vale ser francamente infeliz do que exibir um sorriso congelado e mentiroso, do que usar uma máscara. Não sejam caricaturas. Mas a religião libertadora é o máximo de felicidade e, portanto, o máximo de santidade com o mínimo de ego.

A ABORDAGEM POSITIVA

Recebi hoje mesmo a visita de um homem que não faz parte do círculo dos conhecidos de Font d'Isière e que veio especialmente para falar comigo. É uma dessas pessoas que se convencionou chamar de um homem privilegiado pela vida, tendo-se beneficiado de tudo o que a nossa civilização pode proporcionar: brilhantes estudos de direito, uma bela carreira de advogado e um casamento feliz, com filhos que lhe têm dado toda a satisfação. Ele deve ter agora cerca de sessenta e cinco anos e veio precisamente para me dizer que amara profundamente sua mulher, que essa relação dominara a sua vida durante vinte e cinco anos e que, devido ao erro de um cirurgião, ela morrera há dois anos. Ele me confiou: "Não me conformo. A vida já não tem sentido para mim, e tudo o que faço é me encher de trabalho... E sinto que nunca mais vou me recuperar. O senhor pode me ajudar? Como creio que lhe atribuem uma certa sabedoria, pensei que o senhor poderia me dar algum bom conselho." Não havia outro conselho que eu pudesse lhe dar a não ser este: "Dedique agora todas as suas capacidades ao que é o mais importante, a busca espiritual."

O que me impressionou foi ver que, para esse homem (que teve acesso a todas as fontes de informação e, por certo, recebeu uma instrução religiosa na juventude), o que constitui a essência da espiritualidade é algo como que inexistente. Ele ouviu falar que há monges, budistas, hinduístas... mas, afora isso, não faz nenhum sentido para ele a realidade concreta que lemos no olhar de Ramana Maharshi ou de um mestre tibetano, aquilo de que possuímos testemunhos tão marcantes nas palavras de um sábio ou nas escrituras sagradas, aquilo a que milhões de pessoas dedicam hoje — seja nos mosteiros do Butão, de Sikkim, do Japão, da Índia ou da França — seu tempo e sua energia. Eu procurava palavras como "sabedoria, espiritualidade, misticismo", e ele tinha dificuldade para me entender. Falei a ele de uma realidade que não encontrava nenhum eco no seu ser. No entanto, ele fora me procurar.

E eu me perguntei: "Qual a diferença radical entre esse homem que está 'morto' porque sua mulher morreu, um homem que ignora tudo (embora seja muito instruído) a respeito daquilo que chamamos de espiritualidade, e aqueles que ouviram falar de Karlfried von Dürckheim, de Krishnamurti, de Mâ Anandamayi, de Ramdas ou de Milarepa? Estarão aqueles que dizem viver na espiritualidade de fato convencidos de que tudo é uma oportunidade para progredir, de que tudo é uma bênção, ou afinal, tal como para aquele homem, o que prevalece é a ausência de fé?" Haverá efetivamente uma diferença tão flagrante quanto a que existe, por exemplo, no que se refere à visão, entre um cego e um homem que vê normalmente? Para ele, aquele luto representava um desastre, um ponto final. O destino o tinha pura e simplesmente atingido. Qual a diferença entre a sua abordagem e aquela de que fui pouco a pouco sendo impregnado, quer se trate da abordagem oriental ou da abordagem cristã, e que afirma que tudo sempre tem um sentido? Lembremo-nos da promessa que eu mesmo tenho citado com tanta freqüência: "Tudo concorre para o bem daqueles que amam a Deus."

Imaginei com facilidade o que lhe poderia ter dito, não com palavras de vão consolo, mas com uma total convicção, um dos mestres de que me aproximei outrora ou um discípulo avançado no caminho: "Mas esse luto tem um sentido! Você não pode considerá-lo uma tragédia! É um começo, é uma bênção, é uma passagem..." Os orientais vão até mesmo mais longe ao afirmar que, se havia de fato um grande amor entre sua mulher e ele — e esse era o caso —, o maior gesto de amor que ela podia ter feito era deixá-lo, mesmo que não tivesse decidido conscientemente morrer: nas profundezas dos destinos, das afinidades das nossas histórias pessoais, a melhor prova de amor que ela lhe dera fora partir, porque só a sua morte poderia produzir nele um despertar, uma subversão que seria o ponto de partida para uma nova vida. E talvez sejam estas as únicas palavras que pronunciei e que o tocaram: "Mas então ela terá morrido por nada se isso não tiver modificado profundamente a sua vida! A verdadeira fidelidade à sua mulher não consiste em ficar arruinado e destruído, mas em progredir, em ir ainda mais longe em seu desenvolvimento!" O que eu lhe afirmei pareceu-lhe assustador, mas, ao mesmo tempo, senti que ressoara nele.

Ainda ouço as palavras de Swâmiji: "*Fully positive approach to life*", uma abordagem completamente positiva da existência — que está sempre ligada a uma fé, mesmo que vocês não sejam religiosos e que não se expressem em termos devocionais. Vocês conhecem o papel que a fé desempenha nos Evangelhos e nos caminhos místicos ainda vivos. Toda a obra de Ramdas, a começar pela narrativa de sua busca, que leva o título de *Carnets de pèlerinage,* é um magnífico testemunho disso. Essa fé é uma certeza — vocês sabem que fé em grego é *pistis* —, a certeza do sentido que vocês dão à sua vida, bem como a convicção de que cada evento, cada situação na qual vocês se encontram, tem sempre um valor positivo, até mesmo os dramas, até mesmo as tragédias, até mesmo o raio num céu sereno: um filho de dezessete anos morre num acidente na montanha quando gozava de plena saúde — pode uma mãe ver aí a ação do guru divino, a ação do amor de Deus?

Para Mâ Anandamayi, a quem, como a todos os sábios desse nível de luz, se levava com freqüência o desespero de um luto, a resposta sempre foi: "É uma graça de Deus! Era o karma do seu filho fazer com que você vivesse a prova da sua morte, pois essa prova é necessária para que você encontre o Bem supremo, que está além do nascimento e da morte." Os ensinamentos espirituais não vêm apenas das realidades humanas comuns; eles se referem, antes de mais nada, ao nível supra-humano, ou, se preferirem, ao nível plenamente humano — a meu ver, esses termos são sinônimos. Vocês não podem considerá-los somente como coisas que trazem melhorias e benefícios no âmbito da convicção habitual; em outras palavras, vocês não podem reduzi-los a formas, mesmo muito refinadas, de psicoterapia, pois, do psíquico, eles nos incitam de imediato a nos voltar para o espiritual. E é porque existe a realidade espiritual e é possível ter dela uma experiência pessoal, confirmada pelo testemunho de todos os sábios da história, que nossa esperança não é um vão devaneio nem uma ilusão consoladora, mas uma "certeza das coisas invisíveis", como o diz o Novo Testamento a propósito da fé. Vocês que descobriram esses ensinamentos espirituais podem ter essa abordagem positiva? Tudo está nisso. Aqueles que vêm sendo feridos desde o começo de suas vidas têm uma visão pessimista da existência, mas não haverá nesse fato um paradoxo, uma vez que tenham descoberto a espiritualidade, se permanecerem, ano após ano, com essa atitude negativa?

Swâmiji me dizia que, se uma criança de fato se sentisse querida e amada no começo da existência, mesmo que sofresse choques, conservaria no mais profundo de si mesma uma abordagem positiva; porém, se não foi esse o caso e se traumas muito fortes a marcaram muito cedo, antes que ela tivesse tempo de viver efetivamente o amor, essa criança terá uma percepção dolorosa da existência. Para aquele que tem uma abordagem negativa da realidade, "a vida é sofrimento", "a vida é dor", mais do que para qualquer outro, enquanto que aquele que foi amado pela mãe na primeira infância mas perdeu — ou crê ter perdido — esse amor conserva no fundo de si mesmo a convicção de que a felicidade existe e de que a vida tem um sentido, mesmo que certas vozes digam nele: "Nunca terei essa felicidade." Nos momentos de desespero, essa pessoa sente: "A luz existe, a beleza existe, a perfeição existe, mas eu, infelizmente, não tenho direito a elas, como se estivesse marcado por uma espécie de fatalidade."

Aquele que tem uma abordagem negativa da vida considera que a própria vida é absurda, desastrosa. Mas pode ser que ele descubra a dimensão espiritual e chegue à conclusão de que, para além desta existência desoladora, reina uma outra realidade que, ela sim, é luminosa. Em outras palavras, a vida não tem valor, exceto no olhar de Mâ Anandamayi e de Ramana Maharshi, que atingiram o "além do além do além", como diz o Prajnaparamita dos budistas mahayanistas. Mas a força da vida, que é pura e absolutamente positiva, reside em nós e permanece sempre intacta. Os vasanas estão em nós, os interesses por este mundo manifesto estão em nós, a pulsão sexual está em nós, mesmo que seja, eventualmente, reprimida, inibida e distorcida. Logo, aqueles que não crêem nesta vida mas crêem na santidade de Buda ou de Jesus Cristo, e querem descartar a simples felicidade existencial, não estão qualificados para se abrir imediatamente à luz do Eu e, em alguns anos, para descobrir a transcendência na qual tudo é beatitude.

Alguns daqueles que estão empenhados na busca espiritual costumam crer que os sábios atingiram essa perfeição mas que eles mesmos não podem ter acesso direto a essa realização do absoluto, porque ainda trazem em si numerosas exigências comuns da existência. Pode-se tratar do desejo de ser mãe e de conhecer a vida de casal, no caso de uma mulher, tendo, por exemplo, a certeza de que o casamento nunca pode ser um sucesso devido a traumas ligados à infância ou, eventualmente, a uma vida anterior. Essas exigências, que não podem ser negadas, são as expressões, as refrações da força de vida fundamental que faz com que os pássaros cantem, as árvores floresçam, o vento sopre e os vulcões vomitem fogo. E essa força de vida fundamental se manifesta, para o homem, sob a forma de pensamentos, de sensações, de emoções, de pulsões sexuais, de interesses culturais e artísticos e de ambições diversas.

Essas pulsões existem, não podendo a atração pela espiritualidade negá-las, mas toda a vida no relativo — que constitui o nosso caminho até que tenhamos nos estabelecido no Último — é vivida por alguns de vocês de maneira negativa: "Vocês põem filhos no mundo e eles se voltarão contra vocês, como ingratos. Você se casa e pouco tempo depois seu marido começa a olhar para outras mulheres." Em contrapartida, aquele que traz em si a certeza de que a vida tem um sentido tende a crer na felicidade, mesmo que lhe ocorra alguma decepção. Ele está persuadido de que pode haver belas relações entre homem e mulher, entre pais e filhos, que a comunicação com os outros, o sentimento da natureza, a arte, todos os aspectos da existência proporcionam grandes alegrias. A vida o maravilha mesmo que, às vezes, lhe pareça cruel.

Swâmiji tinha razão quando afirmava ser muito difícil para aqueles que têm uma concepção positiva compreender efetivamente os que têm uma concepção negativa da existência relativa. Por que essa pessoa se desencoraja com tanta rapidez? Como pode ela não crer em nada? Como pode estar sempre triste e amargurada, alimentando sem cessar propósitos dos quais se desilude? "Eu bem que lhe avisei: isso sempre dá errado!" Evidentemente, se é essa a nossa abordagem, cada divórcio reforça a nossa convicção: "Vejam bem que o amor não pode existir entre um homem e uma mulher." Cada vez que uma criança se mostra um pouco ingrata com os pais: "Vejam bem: uma mãe só pode se sacrificar sem nada receber em troca." Se temos esse estado de espírito, tudo vem nutrir e corroborar a nossa abordagem negativa.

* * *

Eu poderia resumir numa fórmula a minha compreensão de fé: fé é a abordagem positiva da existência. Quem tem fé não pode deixar de ter uma abordagem positiva da existência. Em inglês, os eruditos, que sabem do que falam, fazem uma clara distinção entre *faith*, fé, e *belief*, crença. As crenças, que repousam em dogmas, são na maioria das vezes fontes de mal-entendidos e até mesmo de conflitos entre as diferentes tradições religiosas: por exemplo, os cristãos crêem na Trindade, que é para os muçulmanos uma abominação. A fé, em contrapartida, não pode dividir os homens, pois emana de uma realidade de outra ordem, que é *una*.

As chamadas três virtudes teologais correspondem a três sentimentos estáveis e profundos: a fé, a esperança e a caridade. A fé é a certeza das coisas invisíveis, a certeza de que a luz, a vida indestrutível e a graça de Deus estão agindo durante todo o tempo. Ao longo de seu rastro, segue a esperança. A esperança não é a mesma coisa que as esperanças: "Isso acontecerá amanhã quando, e se, e se, e quando..." Ela advém da dimensão espiritual da existência: "Chegarei, atingirei o alvo, a vida tem um sentido divino, transcendente. Não posso mais me desesperar." E a caridade, isto é, o amor, leva-nos a viver no amor como um peixe vive na água, e portanto, é claro, a nos sentir amados. Trata-se de três aspectos de uma mesma realização interior.

Por que o amor? Porque, se tiverem fé e esperança, e, por conseguinte, a abordagem positiva de que falo, vocês sentirão que o mundo, a realidade, a vida, não lhes é fundamentalmente hostil, ao contrário do que crêem alguns. Vocês não poderão considerar que teria sido melhor nunca ter nascido por ser esta realidade um imenso pesadelo, como alguns filósofos se empenharam em descrever, nem que o mundo é "absurdo". Vocês sabem, pelo contrário, que a vida os ama. Lembrem-se da resposta de Chandra Swami a uma de vocês quando de sua visita a Font d'Isière: "*The Divine or Nature is not cruel at all. It is very very compassionate, more compassionate than a mother*", "O Divino ou a Natureza nada tem de cruel. Ele é muitíssimo compassivo, mais compassivo do que uma mãe". É preciso dizer que, na Índia, uma mãe é em princípio uma verdadeira mãe, encarnação do amor.

Se tiverem fé e esperança, sua vida será iluminada pelo amor. Deus me ama, a Vida me ama, inclusive quando meu filho morre ou quando descubro que tenho um câncer, ou quando minha empresa está em concordata ou quando a mulher em quem eu tinha total confiança se apaixona por um outro homem. Eis a diferença radical que deveria existir entre um ser empenhado no caminho espiritual e um ser que não o está.

Ora, a realidade com a qual me confronto nestes últimos catorze anos em que tenho me aberto aos outros confirma bem o que me dissera Swâmiji, isto é, que é possível ser sensível à espiritualidade e conservar uma visão desesperada. E, nesse caso, alguma coisa deve ser vista e ultrapassada. Enquanto essa abordagem negativa dominar a sua existência, vocês não estarão no Caminho. Talvez vocês se preparem para estar nele um dia mais do que qualquer outro, depois de uma longa purificação por meio do sofrimento. Pode ser que o seu progresso seja então bastante rápido, mas vocês não podem considerar-se no Caminho enquanto não estiverem animados pela fé, pela certeza pessoal, pela esperança e pelo amor. Vocês não serão capazes de amar enquanto não sentirem que a vida, eventualmente o guru ou mesmo Deus, amam vocês. Costumo dizer que a energia universal, a fonte da manifestação, ama vocês. Vocês podem imaginar um oceano que não ame as ondas por meio das quais se exprime? Isso seria uma contradição. Como se pode, de uma perspectiva, reconhecer a verdade espiritual e, de outra, permanecer negativista, estar empenhado no caminho espiritual e não ter fé, nem esperança, nem o sentimento de que a vida é amor? Por mais paradoxal que isso possa parecer, é assim que vivem muitos daqueles que se crêem sinceramente engajados no caminho.

Para alguns, ocorre um primeiro nascimento graças ao contato com livros que testemunham a espiritualidade. Mesmo que eu tenha sido muito infeliz, a vida assume de repente um sentido novo. Descubro Ramana Maharshi, Ramdas, Mâ Anandamayi, Djalal ud-Din Rûmi, sei que a sabedoria, a santidade existem; ouço falar do atman, da Natureza-de-Buda, sou tocado pelas obras de arte e pelas escrituras sagradas. Os ensinamentos ainda estão vivos, vou então procurar, vou encontrar um mestre. A partir disso, o desespero nunca mais pode ser completo. Mas o que é verdadeiramente belo é ver um ser cuja abordagem sempre foi negativa despertar um dia para a abordagem positiva e crer que as promessas de Cristo ou de Buda podem estar dirigidas a ele, mesmo que ainda esteja muito pouco afirmado em sua existência e muito frustrado. Até aquele momento, sua abordagem negativa o impediu de se desenvolver, mas a graça agiu nele, a esperança nasceu e, com ela, uma nova atitude interior que, pouco a pouco, transformará a sua vida.

Dei à pergunta que me fizeram um dia — "Como progredir a despeito das dificuldades cotidianas?" — uma resposta um tanto dura: "Como posso chegar ao primeiro andar apesar dos degraus da escada?" Se vocês estiverem no nível do solo, num certo sentido, são os próprios degraus da escada que os separam do primeiro andar, mas, ao mesmo tempo, são eles que lhes permitirão chegar lá. Logo, a verdadeira pergunta a respeito do Caminho converte-se na seguinte: "Como progredir no caminho *graças* às dificuldades cotidianas?"

Ao me abrir a ele e vendo minha impotência diante daquele homem nobre que me dizia que sua vida perdera todo o interesse depois da morte brutal de sua mulher, ocorrida dois anos antes, senti: para aquele que tem fé, essa prova se torna puramente positiva, abrindo uma nova época de sua vida, talvez a mais rica, a mais preciosa, aquela que lhe permitirá ultrapassar uma vida humana certamente desenvolvida, mas no âmbito dos limites da humanidade, e abordar uma vida transcendente. Para retomar uma vez mais a imagem tão conhecida mas tão verdadeira, a lagarta deve desaparecer a fim de que nasça a borboleta. Com relação à lagarta, a borboleta conhece uma dimensão suplementar, a terceira dimensão do espaço, porque não mais se arrasta pelas folhas, mas voa. Essa comparação ilustra perfeitamente a metamorfose que nos espera.

Quando será dada aos que não acreditam na vida a possibilidade de uma atitude positiva? O que posso dizer e que é a coisa mais valiosa e mais importante que vocês podem ouvir se fazem parte do grupo daqueles que conservam uma abordagem negativa, embora tenham uma verdadeira aspiração espiritual, é que me foi dado ver várias pessoas fechadas em sua negatividade passar, num certo dia, por uma conversão completa. Que bênção! Essa mudança é exigida daqueles em quem a convicção de que o valor supremo é o amor e não o sofrimento ainda não se cristalizou. Se isso aconteceu uma vez, pode acontecer duas, dez vezes, e por que não com vocês? Eis um primeiro vislumbre de esperança.

A segunda esperança está na compreensão intelectual — pois um ser que desespera da vida pode ter uma inteligência bastante lúcida e se tornar um bom técnico ou um bom pesquisador científico. A própria força vital está intacta em todas as pessoas e, mesmo que a marca negativa esteja muito próxima da fonte, todos vocês, aquém de seu desespero ou de sua ausência de fé, permanecerão ilesos. Ninguém é destruído na sua fonte, nunca, isso é impossível. A vida pode entrar em contradição consigo mesma, pode dividir-se em forças adversas que lutam umas contra as outras, mas na origem ela é una, e essa vida não-dual continua a nos animar, sendo ainda ela que se exprime sob a forma do desespero.

Por mais mutilados que possam estar, vocês podem ter a certeza de que, no nível profundo, permanecem intactos. Basta-lhes recuperar a consciência que tinham antes do momento em que as feridas se imprimiram em vocês. Assim como a fada má dos contos amaldiçoa a criança no dia do batizado, ainda que vocês me provem que essa maldição advém de *samskaras* de vidas anteriores em que vocês morreram passando por torturas e pela traição, eu ainda posso lhes dizer: "A força de vida permanece incólume." Fazer o problema retroceder no tempo não muda em nada essa verdade: a realidade permanece puramente positiva. Em cada ser, o *brahman* proclama: "*Aham brahmasmi*", sou o absoluto, o infinito, a imensidão. Alguns terminam por entender; quando essa abordagem intelectual os convence, ela pode passar para o sentimento e mudar algo em vocês. Mas essa não é a única abordagem.

Sem entrar nas sutilezas da teologia cristã ou do caminho hinduísta da *bhakti*, é impossível negar todas as formas manifestas daquilo que se pode chamar de graça. Os testemunhos dessa fé, dessa esperança e desse amor constituem influências benéficas; por exemplo, o *darshan* (encontro) de sábios, a luz de um olhar sobre uma foto, certas arquiteturas, o *satsang,* isto é, a reunião de pessoas animadas pela mesma qualidade de apreciação dos valores espirituais. O reencontro destina-se a reforçar a fé. Se vocês tiveram a oportunidade de participar de ritos tibetanos aos quais a presença do mestre dá uma grande densidade, ou de participar de um ofício num mosteiro ainda vivo, um pouco dessa fé, dessa esperança e desse amor se deposita em vocês.

Para a Índia, e hoje tenho a prova de que essa teoria é exata, tudo tem não apenas uma realidade material mas também uma materialidade sutil (*sukshma*). Portanto, quando digo que um pouco dessa fé se deposita em vocês, trata-se de uma realidade sutil que vocês assimilam da mesma maneira como incorporam o alimento ao comer. Por isso, diz-se na Índia: "*Sarvam anam*", tudo é alimento: o *satsang,* o canto dos *kirtan,* os ritos, tais como os *pujas*. Vocês recebem essas influências como se só tivessem de fazer o esforço de abrir a boca para que nela seja colocado o alimento.

E, à força de se depositar em nós, essa materialidade acaba por saturar-se e cristalizar-se. Esse processo pode demorar mais ou menos tempo. A fé dos outros, sua esperança, sua convicção de que a vida é amor penetram pouco a pouco em vocês. Vocês permanecem feridos, magoados: "Eu não creio nisso, não é para mim, nunca vou conseguir." E num belo dia essa cristalização se realiza e ocorre uma conversão em vocês. Eis outra perspectiva de esperança.

* * *

Sem dúvida, vocês admitem que há uma realidade de outra ordem da qual aquele advogado, a quem me referi há pouco, nunca ouviu falar e nem sequer entrevê. Mas é preciso que eu ouse estar firme e que vocês encarem a verdade de frente. Enquanto conservarem essa abordagem negativa, vocês não poderão progredir efetivamente. Desse ponto de vista, posso parecer cruel, embora eu não o seja realmente, pois vocês podem se curar. É preciso, antes de mais nada, curar-se. Não fiquem imersos nessa tristeza. Conheci ocidentais que passaram anos na Índia e, apesar disso, continuavam criticando tudo. Tudo era sempre ruim para eles, eles se mostravam amargos, achavam que o seu destino era injusto e cruel, que o mundo era malfeito. Mesmo que se aceite as doutrinas metafísicas que estipulam que o mundo relativo é evanescente, e que não há outra realidade a não ser a "luz da percepção", o "testemunho" (*sakshin*), nem por isso toda a sua vida deixa de se desenrolar neste mundo relativo. Seu primeiro trabalho deve ser, pois, reconciliar-se com ele.

Tomem clara consciência desta confusão: de um lado, crer que a realidade última (*satchidananda,* ser, consciência, beatitude) se exprime por meio deste mundo de contrários e, do outro, nele reconhecer apenas sofrimento e desespero. Se tudo é brahman, se o mundo das dualidades é a manifestação da unidade ou da luz, como o afirma o Evangelho de São João, e se vocês aderem em teoria a essa realidade, não contradigam a si mesmos. Por que vocês vêm aqui? Mesmo que não tenham sido virados pelo avesso por Mâ Anandamayi ou por Ramana Maharshi, ainda há um dinamismo que os orientou nessa direção. Resta saber se vocês vivem em completa instabilidade com relação a esse dinamismo que os impele ou se têm confiança nele.

É evidente que falo sempre a partir de convicções que quero partilhar com vocês. Se alguns negam a realidade espiritual, é claro que, aos seus olhos, sustento idéias sem prova. No entanto, quanto a mim, seguindo tantos outros, afirmo que não se trata de uma suposição, mas de uma experiência. Ou os homens falaram do que ignoravam completamente, inventaram tudo e nada os obriga a crer, ou, pelo contrário, testemunharam a sua realização pessoal, como Ramana Maharshi, cuja consciência se uniu ao supremo, como os grandes videntes dos Upanixades, os chamados *rishis* e, sobretudo, como Cristo, que assumiu o título de Filho do homem. A Igreja primitiva insistia no caráter humano de Cristo: "Deus se fez homem a fim de que o homem pudesse se fazer Deus." Todos os homens trazem em si essa natureza divina, assim como Cristo assumiu nossa natureza humana. Muitas vezes fiquei chocado e, mais tarde, enternecido ao lembrar que o filho de Deus se agachava para defecar; caso contrário, não compreendemos mais nada do cristianismo. É porque a Igreja dos primeiros séculos insistiu tanto, pronta a ser cruel e injusta com os hereges, na humanidade de Jesus e na divindade de Cristo, que a Igreja Ortodoxa sempre propôs a "divinização" do homem: o homem tem por vocação tornar concreta a sua natureza divina.

É esta a promessa que é feita a todos vocês, tanto pelo cristianismo antigo como pelos Upanixades, que afirmam: "Tu também és Isto." Todo o mundo conhece essa afirmação, mas nem todos conhecem forçosamente o diálogo entre Svetaketu e seu pai. A passagem de onde é extraída essa frase célebre compara as potencialidades do homem com as que estão contidas no interior de um simples fruto: o fruto esconde um pequeno grão que, se germinar, produzirá uma árvore, e esta, por sua vez, gerará frutos com novos grãos susceptíveis de produzir outras árvores, e assim por diante. Um único pé de grama, se nenhuma força destrutiva se opusesse à sua expansão, recobriria toda a terra em alguns anos, tal é o poder que a força vital revela. Dizer "Tu és Isto" é outra maneira de afirmar a natureza divina do homem e sua possibilidade de divinização.

A salvação reside na compreensão, por parte do coração, destas palavras: "Tudo concorre para o bem daqueles que amam a Deus", e na certeza de que isso se aplica a vocês. Vocês, porém, trazem no inconsciente uma carga de vasanas, de desejos, de impulsos mais ou menos assumidos ou reprimidos pela educação e pelos traumas. Logo, vocês se encontram na situação de querer — o que é normal — que o mundo relativo lhes dê. Durante muito tempo, vocês não depositaram toda a sua esperança no absoluto. Vocês ou eu não podemos aspirar de imediato exclusivamente à fusão com Deus ou ao encontro com o Amigo Supremo, como dizem os sufis. Vocês devem considerar as exigências que estão em seu ser, desde as mais grosseiras — quero ser admirado, quero ser reconhecido, quero que me digam que sou melhor do que os outros — até as muito mais sutis — quero conhecer uma verdadeira relação de amor com uma mulher ou com um homem, quero que os meus filhos sejam felizes e se realizem, quero que a minha obra literária seja bela e toque o público, quero fazer a volta ao mundo de barco, ou qualquer outra coisa — que sei eu? Cada qual tem as suas.

Esse mundo das aspirações humanas de que vocês não podem fugir está associado não apenas à sua busca de perfeição espiritual como também a esse desencorajamento fundamental: "A coisa não anda; isso nunca será para mim." E a primeira característica dessa abordagem negativa consiste em se abastecer de tudo o que reforça sua visão pessimista do mundo e em ocultar o que seria capaz de questioná-la. Ou seja, trata-se de uma tendência para ver exclusivamente os sinais e os fatos que confortam o seu pessimismo e para ignorar aqueles que o enfraquecem.

No congresso da União Européia das Federações de Ioga, realizado em Zinal, e do qual participei neste ano, uma pessoa fez uma pergunta a um swâmi hindu, Swâmi Satchidananda, um belo representante da Índia que hoje vive nos Estados Unidos. Swâmi Satchidananda respondeu em inglês: "Você não vê tudo o que a vida lhe deu; você nota apenas tudo o que ela não lhe deu." Trata-se de um funcionamento da mente, que, por ser comum, não é menos inesperado. Do mesmo modo, a cada instante vocês vêem o que não corre bem e não vêem o que corre. Um pai tem dois filhos: um deles só lhe dá alegrias e o outro é difícil. Ele só me fala do filho difícil, nunca daquele que é feliz e sorridente. Isso é justo? Os mecanismos são, às vezes, tão simples e grosseiros como este.

O que é uma abordagem negativa da existência? Entendemos de início a palavra "negativo" com uma certa coloração emocional: ela evoca para nós uma atitude pessimista, amarga, desiludida, mas significa simplesmente negação, tentativa de negar. Por que se fala de uma abordagem negativa da vida? O que ela nega? Naturalmente, essa abordagem é a negação concreta de valores últimos que, por outro lado, talvez aceitemos filosoficamente. No entanto, é também a negação da realidade tal como ela é, a recusa daquilo que não quero ver e que viria contradizer o meu apego à ausência de esperança.

* * *

No momento, permitam-me ir ainda mais longe. Não posso provar imediatamente aquilo que afirmo, como um professor de física que reproduz uma experiência diante dos alunos; mesmo assim, juro que aquilo que a tradição dualista testemunha quando fala da graça de Deus em ação ou dos milagres é verdadeiro. Juro que se vocês "buscam primeiro o Reino de Deus e a sua justiça, tudo o mais — isto é, tudo o que lhes é de fato necessário para encontrar esse Reino de Deus — lhes será acrescentado". Certo dia em que eu citava essa frase dos Evangelhos, uma mulher deixou escapar este anseio do coração: "Até mesmo um amante?" "Sim." É claro que um padre não pode dizer, como eu, "sim". Não posso prometer que vocês ganharão o Prêmio Goncourt se forem romancistas, mas posso afirmar que lhes será dado o que lhes for realmente necessário, aquilo que vocês quiserem mais do que tudo, desde que o queiram com bastante insistência e perseverança. Tive muitas vezes ocasião de verificar a veracidade do ensinamento de Swâmiji, que não se exprimia em termos religiosos, mas científicos, referente à "lei da atração", como um ímã atrai alfinetes.

Se tiverem fé, vocês verão. São necessários vários anos para se chegar a crer nisso. Ou então, vocês acreditam um pouquinho, mas, como aquilo que esperam não lhes é dado logo, vocês se desencorajam. Talvez estas palavras pronunciadas por um homem que, durante muito tempo, "chafurdou" em suas próprias contradições, ecoem em vocês por serem proferidas por um ocidental como vocês. Se procurarem primeiro — não exclusivamente, mas em primeiro lugar — o Reino de Deus e sua justiça, a luz, a verdade, a vida imensa, vocês verão que a vida é cheia de amor e que Deus é amor. Há uma Realidade que corresponde àquilo que denominamos Deus — não se trata de um consolo destinado aos fracos nem de uma invenção dos teólogos —, e vocês descobrirão que essa Realidade, como dizia Chandra Swâmi, é "*so loving, so compassionate*". Vocês se banham num oceano de amor e, no entanto, não o sentem. Quando de minha estada junto a Ramdas, eu só o vi imprecisamente e depois o esqueci assim que deixei o seu *ashram*. A lei de atração existe. Algumas pessoas cuja existência foi particularmente dura e difícil não se desencorajaram e receberam o que o Evangelho chama de "a coroa do vencedor". Esse tema do não-desencorajamento está presente em todas as tradições. E, num certo dia, se persistirem em sua busca, se não perderem jamais a esperança, o milagre acontecerá.

Ora, vocês podem fazer alguma coisa para suscitar essa abordagem positiva no Caminho. Não vejam apenas o que a vida não lhes deu; vejam o que ela lhes deu. Para começar, ela lhes deu a mais preciosa de todas as coisas. Ao contrário do homem que vi hoje, cheio de dignidade e de generosidade posta a serviço dos outros e que, no entanto, ainda não recebera o mais belo dos dons — crer que Cristo e Buda disseram a verdade, saber que Ramana Maharshi, Mâ Anandamayi e Ramdas caminharam sobre esta terra no século XX e que o mundo imenso da mais elevada espiritualidade é uma realidade que diz respeito a todos nós. O mais belo dom que a vida poderia lhes oferecer ela já lhes deu. Sintam-no. Sejam gratos diante da vida e diante de si mesmos por terem atraído esse dom. Pensem naquele advogado tão desamparado porque a mulher morreu e cujo desespero não tem sentido: "Minha vida acabou; não tenho mais nenhuma razão para viver." Vocês pressentiram uma realidade eterna, a de Cristo, a de Djalal-ud-din-Rûmi, a de Ramana Maharshi. Como dizia Swâmiji, agradeçam a si mesmos: eu fui capaz de atrair esse dom! Vocês descobriram um mundo que outros ignoram: eles folheiam um livro sobre o budismo, não o compram e julgam que uma estátua de Buda divinamente sereno carece de um pouco de expressão: "Um Picasso tem mais força." Ah, bom! Seu coração deveria estar cheio de gratidão; vocês são mais bem aquinhoados do que Belmondo e Alain Delon juntos, do que Chirac e Miterrand juntos. Com certeza, caso contrário, por que leriam esse gênero de livros?

A vida é amor para todos. E não podia ser de outra maneira. Vocês descobrirão algum dia que não se trata de uma bela frase oca. Retomo a imagem a que recorri há pouco, e que sempre foi muito eloqüente para mim: Pode o oceano rejeitar uma única de suas ondas? Pode o oceano querer mal a uma única de suas ondas? O oceano está na onda, a onda está no oceano. Um oceano de fé, de esperança e de amor se exprime em vocês, conduz vocês, sustenta-os, cerca-os. A realidade divina está em vocês, e vocês se banham na realidade divina. Porém, nós o sabemos, o homem perdeu a consciência da sua origem. A ignorância, a cegueira, o pecado original exilaram o homem — a palavra Adão significa apenas o homem — dessa perfeição, desse paraíso que ele precisará reencontrar.

Em suas existências, podem-se apresentar novas oportunidades desde que vocês estejam em condições de acolhê-las. Se mantiverem uma atitude negativa, vocês impedirão que essas grandes realizações venham até vocês. Se ousarem dar o primeiro passo, tudo se transformará pouco a pouco. Nem tudo se transformará imediatamente de maneira miraculosa, de modo que vocês passem a ter sucesso em todos os domínios; é possível que até mesmo certas grandes alegrias terminem em sofrimento: vocês encontram o homem de sua vida, depois de tê-lo procurado durante tanto tempo, conhecem junto a ele um período de felicidade perfeita e ele morre quatro anos depois. Mas vocês irão de luz em luz, de verdade em verdade, até o Reino dos Céus, até essa perfeição que, por si só, pode satisfazê-los plenamente. Talvez vocês enfrentem provas, mas provas num outro nível, que lhes permitam progredir e lhes proporcionem uma riqueza e uma maturidade interiores. Vocês não podem saber com precisão o que a vida lhes oferecerá no relativo; no entanto, cada vez que um ser humano desencorajado, preso a conflitos, medíocre, ousou dar o primeiro passo, a vida respondeu. Esse primeiro passo talvez lhes seja exigido no momento em que tiverem perdido tudo. Vocês encontraram um mestre, um excelente professor de ioga ou um psicoterapeuta muito bom e ele morre de súbito num acidente; ou então o seu marido a deixou por outra mulher, ou, pelo menos, vocês perderam o emprego ou se acham em dificuldades financeiras que parecem intransponíveis. E se forem então capazes de dizer um verdadeiro sim ao seu destino, vocês abrirão no mesmo instante a porta do Caminho em nome do qual tanto lhes será dado. Mesmo que devam passar um dia por um grande sofrimento, este contribuirá para fazê-los crescer rumo a uma profusão ainda maior de luz.

Posso dizer-lhes que, entre os anciãos do Bost e entre a nova geração — aqueles que só se encontraram fisicamente com Arnaud a partir de Font d'Isière —, alguns começaram a se transformar e seu destino mudou. A lei de atração funcionou para eles; eles já não vêem a vida da mesma maneira, já não têm os mesmos propósitos tristes e desiludidos, falando, ao contrário, de maneira construtiva. Pararam, enfim, de girar em círculos. Sua vida deixou de ser a repetição dos mesmos fracassos. Mas, na origem dessas mudanças, há sempre uma mudança de atitude. Tudo vem daí. Quando vocês terão visto, ouvido e reconhecido suficientemente como verdadeiro aquilo que lhes digo para ousar dar o primeiro passo e inverter, por si mesmos, essa abordagem negativa em abordagem positiva? Alguma coisa depende de vocês. Cada vez que a vida se torna difícil, toda a sua esperança reside em vocês: Vocês darão o primeiro passo e lhe dirão "sim" de todo o coração?

"Não há amor na minha vida", compreendo esse clamor do coração: uma criança não foi amada pela mãe, ou foi menos amada do que a irmãzinha. Naturalmente, sentindo-se mal-amada, mesmo numa família normal, ela não se desenvolveu e, portanto, tornou-se menos amável, foi menos apreciada do que outras pela professora, e pelos companheiros. Uma vez desencadeado, o processo se reproduz indefinidamente. O sofrimento atrai o sofrimento. Um provérbio meridional diz: *Les pierres vont au clapas*". *Os clapas* são grandes montes de pedras que são amontoados nos campos quando se tenta cultivar as charnecas. Swâmiji, por sua vez, citou-me um provérbio inglês que nada deve à sabedoria hinduísta: "*Nothing succeeds like success, nothing fails like failure*", "Nada tem mais êxito do que o sucesso, nada fracassa mais do que o fracasso." Se começarem a ter sucesso, vocês adquirirão confiança, tornar-se-ão positivos e atrairão outros sucessos. Se começarem a fracassar, desencorajar-se-ão, tornar-se-ão negativos, atrairão um novo fracasso, que lhes provará que essa atitude desiludida está certa, que a vida nunca lhes dará nada e que vocês têm razão por nada esperar dela.

Diz-se também na alquimia — vocês provavelmente conhecem esse princípio, mesmo que nunca tenham estudado alquimia: "Para fazer ouro, é preciso ter ouro." Para transformar chumbo em ouro, o alquimista deve ter no início um pouco de ouro. Também encontramos essa idéia nesta passagem dos Evangelhos: "A todo aquele que tem, lhe será dado, mas ao que não tem, lhe será tirado até mesmo o que tem." É preciso — eu digo 'é preciso' porque se trata de uma lei — que haja em vocês uma pequena semente positiva, um pouco de ouro, se vocês querem transformar o chumbo da vida no ouro da bênção e da vida espiritual.

* * *

Se ousarem dar o primeiro passo, dizer sim, sim, vocês estarão salvos. Uma mulher, certo dia, me confiou: "Minha vida não tem amor, nunca fui amada." E acrescentou: "Nem mentindo, nem mesmo falando sem pensar, jamais um homem me disse 'eu te amo', jamais." Lembro-me de ter respondido: "Bem, ame alguma coisa, a senhora ama estas flores?" — "Oh, sim, elas são muito bonitas!" — "Então, ame-as." Amem, eu lhes prometo a mudança.

"Eu lhes prometo." Que audácia afirmar que o simples fato de amar pode mudar tudo! Alguns e algumas que estão nesta sala hoje ou que lerão estas palavras mais tarde afirmarão que isto é falso: "Faz dez anos, quinze anos, que sofro, e que Arnaud me promete que vou melhorar, que não devo perder o ânimo, que a luz é prometida a todos e, portanto, a mim, mas vejo que isso não é verdade. O que funcionou para Arnaud, o que funcionou para outras pessoas, jamais funcionará para mim." Mas você deu realmente o primeiro passo? Ou tentou falsamente, apenas para poder dizer que tentou e me mostrar que eu estava enganado? Tudo está aí. Não se pode trapacear no domínio espiritual.

Amem, amem, dêem o primeiro passo. Tudo advém do amor. O êxito profissional está em sentir que a vida os ama, que os patrões, os diretores, os companheiros não são inimigos. O êxito político está em sentir que a vida os ama porque os leva ao poder e que os eleitores os amam. O êxito na arte, tornar-se Aznavour ou Bécaud, está em sentir que a vida os ama, que o público os ama e ama o que vocês fazem. Sempre voltamos a isso.

Ouvi, não faz muito tempo, uma frase verdadeiramente forte de uma mulher que veio a Font d'Isière. Éramos várias pessoas num restaurante asiático contemplando um quadro que representava uma chinesa deitada no chão, com a mão sob o queixo, e cada um de nós dava uma interpretação diferente dessa pintura; mas a que me tocou foi a dada pela referida mulher: "É uma mulher desesperada porque não tem um homem em sua vida." Isso é dilacerante. Quem pronunciou essas palavras passou por esse sofrimento durante muito tempo, mas seu destino mudou — porque ela mudou.

Portanto, tudo é uma questão de amor. A abordagem positiva da vida significa: creio que a natureza, o divino, é compaixão. E a abordagem negativa subentende: creio que a vida — e se você diz a vida, diz o divino ou a natureza — não é amor. Chandra Swâmi, que encarna essa sabedoria da Índia que chegou até nós, deu esta resposta a uma pessoa que conheço bem e por quem muito me interessei. Há anos, essa mulher só vive se queixando. Quando pede para me ver, é para falar do seu desespero, sem que eu lhe possa de fato propor outra coisa. Quando me escreve, é outra vez para falar do seu sofrimento, e foi esse sofrimento que ela exprimiu diante de Chandra Swâmi: "Sofro tanto que tenho a impressão de que vou ficar louca." E o Swâmi lhe respondeu: "*The divine or nature is so compassionate*", "O divino ou a natureza são plenos de compaixão". A abordagem positiva da vida é esta: "O divino ou a natureza — e, acrescento, a vida — é amor." E a abordagem negativa persiste em exclamar: "Não, não, você não tem o direito de dizer isso, Arnaud; você não sofreu para ousar pretender que a vida é amor. A existência não é amor; se o fosse, ela não me torturaria sem cessar."

Posso, é claro, compreender a revolta de vocês, mas isso não torna menos verdadeiro o fato de que todos os seres espirituais deram testemunho da possibilidade de uma abordagem luminosa no próprio cerne daquilo que se afigurava aos outros homens como sofrimento. O fim da vida de São Francisco de Assis é um exemplo disso: as pessoas que lhe eram próximas o viam dominado por uma doença muito dolorosa. Porém, quando um discípulo se permitiu dizer um dia: "Para um grande servo de Deus, Deus se revela bem duro com o senhor!", São Francisco de Assis exclamou: "Como ousas dizer isso? Duvidas por um instante do amor de Deus?" É por isso que se diz, desde que se compreenda corretamente, esta frase: "Os sofrimentos do santo cantam a glória de Deus." O Pai Eterno não é um sádico que se compraz com o sofrimento dos seus servos. Os sofrimentos do santo cantam a glória de Deus porque a radiação que ele emana na desventura é um testemunho do sobrenatural. Todos os que viram de perto um santo sofrendo, submetido a grandes provações, concordam comigo, seja qual for a sua religião.

Antes que Bernard Benson e Frédéric Leboyer o socorressem, Kangyur Rimpoche vivia na miséria. Um de seus filhos era tuberculoso e ele não podia proporcionar-lhe a cura; a chuva varava o teto da espécie de sótão que servia de domicílio à sua família. O encontro desse homem, expulso do Tibete, vivendo na mais completa privação, produziu uma reviravolta não apenas na minha vida mas também na de Bernard Benson, que conhecera Nixon e muitas outras celebridades, e passara, em alguns anos, de engenheiro inglês a milionário norte-americano. Bernard Benson me confiou: "Conheci os homens mais poderosos do mundo; mas, quando vi Kangyur Rimpoche, vi um Homem pela primeira vez na vida."

O amor está em toda parte, mas por um momento não tremam de medo pensando: "Não quero um amor que se manifeste para mim por meio da perseguição! Não quero um amor que se manifeste pelos sofrimentos de Ramana Maharshi ou de São Francisco de Assis; eu não quero, mesmo que esses santos tenham sido radiosos." Não entendam a coisa assim. Ouçam o que diz Chandra Swâmi: "A vida é amor." Ser positivo é ousar ouvi-lo, mesmo que ainda não tenham a prova. Na verdade, vocês já têm uma certa prova: vocês descobriram que o mundo da espiritualidade existe — e que essa é a mais bela dádiva que a vida poderia lhes conceder. Vocês estão vivos, têm um cérebro intacto para ouvir, pulmões em bom estado para respirar, capacidade de consciência para sentir a energia e a vida em si mesmos. O que mais vocês podem pedir? E então? Digam sim; isso depende de vocês.

Ainda que estejam profundamente feridos, eu os exorto a ouvir o que digo. Gosto muito desta fórmula que Buda utilizou: "Ó discípulos, por amor a vocês mesmos, eu os exorto..." — como se Buda implorasse humildemente aos seus discípulos. Vocês fariam qualquer coisa por amor a si mesmos? Por amor a si mesmos, eu os exorto a prestar muita atenção naquilo que lhes mostro hoje. Por que você são negativos? Por que a atitude de vocês diz não àquilo que, por outro lado, vocês reconhecem como verdadeiro, pelo próprio fato de me escutarem ou de lerem o que escrevo? Por que esse não? "Não: a vida não é amor. Não: as palavras dos sábios e as promessas de Cristo não são verdadeiras! Não: as afirmações de Swâmiji nada têm a ver comigo." Sim, elas são verídicas. Dêem o primeiro passo. Neste mundo de amor, amem! E vocês verão!

* * *

Dei a palavra a dois swâmis hindus além de Swâmiji, e os dois deram respostas luminosas. Como vocês procederão para reencontrar a esperança que eles lhes propõem e não mais ser negativos? Digam simplesmente sim; todo ensinamento de Swâmiji está na palavra inglesa "*yes*", que se tornou para mim um verdadeiro mantra. E dizer "sim", vocês sabem, consiste em primeiro lugar em dizer "*isto existe*". E ao que vocês dirão *isto existe*? Comecem, antes de mais nada, por eliminar *isto não existe*. Swâmiji era muito estrito sobre esse ponto. Com "isto não existe" e "eu não tenho", nada é possível. "Não tenho marido, não tenho um filho inteligente e bom aluno, não tenho uma esposa fiel, não tenho um emprego interessante..." Com aquilo que não existe e que vocês não são, vocês nada podem. Nenhum progresso é possível. O que vocês querem fazer com o que não existe? Vocês querem atravessar uma lagoa com um barco que não existe? Querem matar um animal com um fuzil que não existe? Posso dizer que, em nove anos, Swâmiji interrompeu muitas vezes o que eu dizia sobre isso: "O que você está dizendo, Arnaud? Você ainda é negativo. Fala do que não existe, do que você não tem, do que você não é capaz: unicamente de irrealidades." Tornar-se positivo é deixar de fazer intervir na vida, sem cessar, aquilo que você não é e aquilo que você não tem.

Segundo ponto para ser positivo: jamais pensar que vocês nunca terão aquilo que não têm no momento; que jamais virão a ser aquilo que não foram até agora. Pelo menos isso. Se não tiveram dinheiro até agora, não promulguem uma lei que implique: "Jamais terei dinheiro, mesmo o que me permita pagar uma vez uma viagem." Naturalmente, se vocês têm um físico de europeu, nunca terão o físico de um senegalês; porém, com exceção desses casos evidentes, podem ocorrer muitas mudanças de que vocês nem sequer suspeitam. Nunca cometam o erro de fazer projeções sobre o futuro. Eu não tive *até agora*; isso é tudo. Surpreendam-se em flagrante delito de inexatidão. "Eu, que nunca tive dinheiro", como se isso subentendesse, de uma vez por todas, que vocês jamais virão a tê-lo. Exijam agora mesmo esse rigor de pensamento. Isto existe. E vocês verão o que existe. Se se apoiarem naquilo que existe, vocês pisarão em terreno sólido e terão condições de avançar.

Terceiro ponto: vejam o que é positivo. Não se trata de devaneios, de vãos consolos, mas, pelo contrário, de um grande realismo. Se vocês não estão paralisados nem se vêem obrigados a se apoiar numa bengala para caminhar, tomem consciência disso. Já lhes contei sobre a descoberta que fiz num certo dia, nesse sentido, no *ashram* de Swâmiji. Ele acabara de chamar a minha atenção para essa característica da mente que consiste em fazer uma contabilidade interior (ele chamava isso de *making accounts*) na qual só se fazem figurar as causas de sofrimento. Não se trata de grandes sofrimentos, como a perda de um filho, mas de todas as pequenas recusas que balizam os nossos dias. Se, numa certa ocasião, o aquecedor elétrico queima e a água fica gelada quando vou tomar banho, dou-me conta disso de imediato, mas não percebo, em momentos normais, que tenho água quente todas as manhãs para me lavar. Depois que Swâmiji chamou minha atenção para uma realidade tão simples, de fato eu tomei consciência, durante três dias, no *ashram*, de tudo o que parecia positivo. Ao final desses dias, nada mudara, eu não recebera nenhuma notícia extraordinária da França, mas não cabia em mim de alegria! Eu me maravilhava por ver, por andar, por ter o que comer, por ter uma cama para me deitar, roupas leves como as que se usam na Índia para não sofrer com o calor. Ser positivo consiste em não mais contabilizar o que não se tem e em reconhecer o que se tem.

Por fim, concluindo, ser positivo é apoiar-se naquilo que lhes parece hoje sofrimento, conservando, ao mesmo tempo, a esperança e a fé. É ousar crer que a existência tem amor por vocês no próprio instante em que parece traí-los: sim, minha mulher tem um amante; sim, por agora estou sozinho, não encontrei a companheira que procuro; sim, muitas tentativas sucessivas de obter empregos que me interessavam malograram, e consegui um trabalho que não corresponde à minha expectativa. Se disserem sim a esses aspectos dolorosos, verão que eles trazem em si a promessa de uma alegria maior. Isso é verdade. Quero de fato crer que hoje essas palavras decorrem unicamente da fé, isto é, da certeza de coisas ainda invisíveis; porém, se vocês chegarem a dizer sim de todo o coração, um sim positivo ao que existe nas circunstâncias difíceis, terão a prova de que a vida não é ingrata.

Certo dia, um de vocês veio me dizer: "Arnaud, não pude estudar, tive uma adolescência bem marginal, não tenho nenhuma capacidade real. Você sabe que eu me considero feito para grandes coisas e que não quero ter uma função medíocre, mas, até agora, nada realizei de grande. Não quero mais viver em meus sonhos. Eu sou o que sou. Depois que você me pediu para dar o primeiro passo, eu dou, eu digo sim. Pelo menos isso eu posso fazer." "E agora, o que você fará concretamente?" "Bem, vou me candidatar a um cargo administrativo de escriturário num órgão da Seguridade Social. Eu gostaria de estar em contato com o público, mesmo que seja para ser insultado atrás de um guichê. Não importa qual a função medíocre que irei desempenhar, renuncio por agora às minhas grandes pretensões." E ele foi se inscrever na Prefeitura de Nimes. Dois meses depois, um amigo lhe propõe, embora ele não tivesse nenhum diploma, um cargo para o qual era preciso ser engenheiro! Ele deu o primeiro passo, conseguiu, e ele que estava disposto a aceitar seis mil francos por mês, passou a ganhar quinze mil em pouco tempo. Essa história é verdadeira! Ela não é única. Tenho outras para contar a vocês.

SIM, sim, eis a palavra mais positiva de todas, a palavra mágica. Digam sim à vida e verão os milagres que se seguirão. Se estiverem na verdade, vocês de imediato irão "puxar uma extensão" de uma corrente profunda com a qual não costumam, habitualmente, estar em contato, e atrairão novas oportunidades. Isso não vale apenas para os outros. Sei que, mesmo se eu lhes citar exemplos, um ou outro de vocês, que tem tido essa atitude positiva e para quem o milagre não se produziu, me responderá: "Sim! Para eles, mas não para mim!" Mas sim, a lei é a mesma para todos e, por conseguinte, também para vocês.

Falo assim porque tive um sentimento muito intenso diante daquele homem que representa uma elite da nossa sociedade moderna, tendo-se beneficiado de todos os valores intelectuais e culturais que esta pode oferecer e que, no entanto, não entreviu o que denominamos realidade espiritual. Mas vocês a vislumbraram. No momento, assumam essa dimensão da vida com confiança. Alguns estiveram perdidos e hoje já não o estão. Eu mesmo o estive outrora, porém não estou mais. Na minha juventude, esperei durante muito tempo que a vida me proporcionasse alguma coisa feliz, e parecia que isso era sempre adiado. Cheguei a escrever uma espécie de documento romanceado sobre a vida no sanatório, mas nenhum editor o quis. Inspirei-me, em grande parte, em doentes encontrados nessas instituições, mas todos os protagonistas da minha narrativa revelavam, é claro, aspectos de mim mesmo. Reli recentemente uma passagem em que eu tinha escrito o seguinte: "Ele se apegava à frase: 'A hora mais sombria é justamente a que precede a aurora.' Mas à hora mais sombria sucedia sempre uma hora ainda mais sombria, e a aurora nunca vinha." Eis o que pus na boca de uma das minhas personagens aos vinte e sete anos, traindo evidentemente a projeção de uma parte de mim mesmo. Ainda que eu tivesse podido escrever essa passagem que parece desesperada, Swâmiji julgava que eu tinha uma abordagem completamente positiva da vida. É certo que, no fundo de mim mesmo, eu continuava persuadido de que, em algum lugar, a luz, a verdade e o amor existiam.

* * *

Mesmo que a vida ainda não lhes tenha cumulado de dádivas, transformem sua atitude, tornem-se positivos. Assim, vocês poderão alguma coisa. Vocês o poderão porque outros o fizeram. Mas saibam mostrar-se perseverantes. A impaciência os prejudica consideravelmente. Se eu tivesse dito, nos primeiros anos do Bost, a este ou àquele dos que vieram até mim: "Serão necessários pelo menos seis anos até que vocês compreendam um pouco alguma coisa deste ensinamento", ninguém iria me ouvir. Por um lado, a maioria deles vem com frustrações e, por outro, com uma certa ansiedade, pedindo resultados rápidos porque vêm sofrendo desde há muito tempo. Cada um vem com seus problemas, dos quais quer se ver livre o mais rápido possível. Aqueles a quem tentei dizer a verdade nada quiseram ouvir: "Oh, não, para mim é preciso que isso venha logo. Pago o dobro se for preciso." Porém, não veio logo, eles não pagaram em dobro, os seis anos se passaram e a pequena parte de Caminho que eles poderiam ter percorrido nesse tempo, mas que lhes parecia insignificante e indigna deles, eles não percorreram.

"*You cannot jump*", dizia Swâmiji, vocês não podem saltar. Vocês podem andar depressa em vez de se arrastar, é verdade, mas se forem necessários dois anos para vencer uma etapa e se esse período lhes parecer muito longo, então, depois de seis anos, vocês nada terão conseguido. A impaciência é a calamidade daqueles que empreendem a busca espiritual. Todas as tradições o dizem. Caso contrário, vocês se verão, aos cinqüenta e cinco anos, mais ou menos no mesmo ponto, tentando mentir para si mesmos, camuflar o fracasso, enganar-se e dopar-se a golpes de ilusões acerca de si mesmos, o que resulta numa doença que não pára de piorar. E a cura definitiva do sofrimento sempre será deixada para amanhã. Cheguei a ouvir palavras verdadeiramente cruéis vindas da boca de pessoas que consagraram sua vida a Gurdjieff ou a Krishnamurti: "Ah, comigo isso não acontecerá nesta existência; as cartas já estão marcadas." Cheguei a ouvi-las proferidas por um homem que tem seus próprios discípulos.

Swâmiji me contou várias vezes a história de dois iogues que meditavam à beira do Narmada. Eles praticavam suas austeridades, seus exercícios espirituais, e eis que passa perto deles o deus Brahma. O primeiro iogue pergunta: "Ó Brahma, quando serei libertado?" E Brahma lhe mostra um coqueiro com algumas folhas muito grandes: "Veja bem, há tantas folhas naquela árvore quantas são as existências que lhe resta viver para ser libertado." E o iogue ficou arrasado: seis, oito, talvez dez folhas, quando ele gostaria de saber se o conseguiria entre seis meses e dois anos. E o outro iogue se inclina e diz: "Ó Brahma." Mas ouçam a nuança; ele não faz a pergunta da mesma maneira. Em vez de perguntar: "Quando serei libertado?", ele pergunta: "Serei libertado algum dia?" Brahma lhe responde: "Você vê aquela árvore?" Tratava-se do *tulsi*, árvore muito conhecida na Índia, de folhas minúsculas e tão numerosas quanto os cabelos na cabeça de uma pessoa. "Muito bem, veja, há tantas folhas naquela árvore quantas são as existências que lhe resta viver para ser libertado." E o iogue só ouve estas palavras: "para ser libertado". "E eu serei libertado!", exclama ele, maravilhado. Swâmiji concluía então: "*and at once he is free*", "e naquele mesmo instante ele foi libertado", porque passou para além do tempo. Se puderem aceitar efetivamente, aceitar com todo o seu ser que vocês ainda têm mil existências pela frente para viver, o ego se volatizará e vocês serão libertados no mesmo instante. Por um momento, ouçam estas palavras: "E serei libertado algum dia."

Não sejam impacientes; considerem-se envolvidos num grande empreendimento. Os mesmos ocidentais, a tal ponto persuadidos de que se sairão melhor do que os tibetanos e que alcançarão em três meses o que eles atingem em doze anos, concordam de bom grado que são necessários dez anos para alguém se tornar um médico especialista, vários anos de prática da dança ou do piano para vir a ser um virtuose, que é preciso muito esforço para concluir estudos universitários na área politécnica. Porém, no domínio espiritual, eles imaginam que seu privilégio de ocidentais lhes permitirá caminhar mais depressa do que os outros. Vocês sabem que o Caminho é muitas vezes comparado com a escalada de uma montanha no topo da qual todos os alpinistas se encontram. Em 1964, um mestre tibetano, Kalou Rimpoche, antes de deixar Darjeeling, encontrara alguns raros europeus apaixonados pelo budismo tibetano, e ele me disse, através do intérprete: "Todos os ocidentais acreditam que a solução está em se fazer levar ao topo da montanha de helicóptero, que é só para os ingênuos tibetanos que é bom subir a pé, com um saco nas costas. Vocês nunca chegarão lá." "*There is no short cut*", eis mais uma afirmação de Swâmiji: "Não há atalhos". Vocês não são obrigados a se arrastar pelo caminho nem parar em todos os botequins da estrada e, sobretudo, não são obrigados a ler de passagem as placas e a seguir a estrada para Lille quando têm a intenção de chegar a Nice. Não se deve dar as costas à verdade e depois se lamentar porque a coisa não anda depressa o bastante. Se cada vez que tiverem de pôr um ensinamento em prática vocês fizerem exatamente o contrário, correrão o risco de anular os poucos esforços valiosos e meritórios que possam ter feito.

Swâmi Ramdas disse certa vez, diante de mim, dirigindo-se a alguma outra pessoa: "Vocês cavam um buraco com uma das mãos e, com a outra, voltam a colocar a terra nele." Vocês nunca porão um fim a isso. É o que fazem muitos dos que procuram o espiritual; por um lado, eles se impõem sacrifícios: dão-se ao trabalho de levantar às seis horas da manhã para meditar; sacrificam férias agradáveis para morrer de calor na Índia no mês de julho num *ashram*; mas, por outro lado, contradizem esses instantes de coragem e de determinação ao fazer exatamente o que se contrapõe ao seu objetivo durante o restante da sua existência.

Antes de saber se podem fazer o trajeto num 2 CV ou num Jaguar, assegurem-se antes de mais nada de que fazem o bom trajeto, de que estão seguindo, mesmo a pé, a estrada certa. Se percorrerem trinta quilômetros a pé por dia, vocês poderão ir muito longe, a Santiago de Compostela ou a Jerusalém. Alexandra David-Neel, uma mulher que viveu no século XX, foi da China à Índia a pé, passando por Lhassa. Caminhem dois anos, três anos, cinco anos e, se se aproximarem um pouco do alvo todos os dias, vocês o alcançarão. Mas isso não é trabalho de amador. Sacrifiquem-se, como o faz um garoto que decidiu ser ciclista de competição e que, todos os dias, sem exceção, pedala por duas horas antes de ir trabalhar, sonhando ser o ganhador do Torneio da França. Esforcem-se e deixem de lado as palavras que, embora verdadeiras, não são imediatamente eficazes para vocês, sobre o não-esforço ou o abandono de todos os esforços e sobre a espontaneidade imediata.

* * *

Vocês podem entender que há dois tipos de preço a pagar. Por um lado, os esforços cotidianos, repetidos talvez de hora em hora, para pôr em prática o que vocês reconheceram como sendo justo e necessário no caminho que seguem. São dados esclarecimentos a vocês. É-lhes mostrado o funcionamento da emoção, a maneira pela qual a mente de vocês cria um mundo irreal e sempre frustrante. O que é afirmado é explicado, justificado, não se tratando de uma fé cega. São-lhes propostas certas atitudes que requerem uma vigilância quase permanente para que vocês se apanhem em flagrante delito de inverdade e voltem à realidade daquilo que existe. A não-dualidade metafísica será atingida por vocês por meio da prática da não-dualidade na vida cotidiana. Deixo de criar uma dualidade entre aquilo que sinto como eu e aquilo que sinto como um outro, seja o que ou quem for, e sou "um com".

O segundo aspecto, que é delicado e difícil abordar, é algo que peço para que vocês ouçam sem emoção, porque tem a ver com a sua cura ou com a sua não-cura. Uma certa audácia se mostra necessária na existência. "*Be bold*", repetia-nos Swâmiji. Vocês não podem levar uma vida de pequenos-burgueses medrosos. Quem busca a verdade é tradicionalmente comparado com o herói intrépido que se aventura por territórios desconhecidos, com o cavaleiro que enfrenta monstros e dragões. Não é coisa comum abandonar todas as satisfações que este mundo pode proporcionar para se tornar eremita numa gruta; não é comum renunciar a todos os prazeres da nossa sociedade de consumo para se tornar monge cartuxo ou trapista. Vocês não são chamados a ir para um mosteiro, mas devo dizer que me surpreende ver quantos de vocês tentam conciliar uma existência mesquinha com a busca da verdade.

Pela causa da Pátria ou da Resistência, que é menos elevada que a de Deus, certos homens correram riscos enormes, esconderam armas em casa, uniram-se a redes, cruzaram Paris durante o toque de recolher. Muitos foram fuzilados ou mortos nas câmaras de gás e nos fornos crematórios, e outros foram torturados pela Gestapo. Homens e mulheres, inúmeros em todos os países da Europa, expuseram-se a todos os perigos em vez de dormir tranqüilamente em seus leitos. Então, quem busca o espiritual não seria, ele também, capaz de correr riscos? Vejam bem: se olharem ao seu redor, reconhecerão pessoas que sempre levaram uma vida medíocre e outras que manifestaram essa audácia. Aprendemos nas aulas de história sobre Bernard Palissy, que queimou toda a sua mobília para descobrir o segredo dos esmaltes na cerâmica; e qual de vocês está pronto a fazer o mesmo para buscar a verdade? Fora da prática cotidiana das verdades do ensinamento, há momentos em que o destino espiritual bate à nossa porta e em que é preciso saber aproveitar a ocasião que se apresenta.

Se têm sede de cura, por mais doentes que estejam espiritualmente, vocês terão essa audácia. Conheci doentes que tudo fizeram para se curar de doenças incuráveis, deixando-se transportar numa padiola e ser levados à presença do Padre Pio e depois a Lourdes. Vocês seriam capazes dessa mesma determinação para conseguir a cura espiritual de que falamos hoje? É provável que vocês conheçam a expressão "Deus vomita os tíbios". Isso é totalmente verdadeiro. Há uma certa loucura aos olhos dos homens que é sabedoria aos olhos de Deus, não apenas no sentido mais exato da palavra mas também na maneira de conduzir esta existência.

Falarei mais uma vez de mim mesmo porque é preciso que eu procure dar exemplos que não se restrinjam aos de Milarepa e aos dos tibetanos. Percebo hoje com o distanciamento que, cada vez que havia uma escolha a fazer, sempre optei pela espiritualidade, tal como a podia sentir e compreender no nível em que estava. Sim, esse nível comportava muita fraqueza, infantilidade, idéias falsas, capacidade de me enganar e de errar. Mas posso dizer que num negócio em que a angústia financeira era permanente, a de profissional pago por tarefa, cada vez que me sobravam alguns centavos, eu voltava à Índia às minhas custas, quando não podia fazê-lo às custas da televisão, para me aproximar de Ramdas, de Mâ Anandamayi, de Kangyur Rimpoche — uma ajuda que me era preciosa. E me surpreendo ao ver quantos, daqueles que conheço, carecem dessa audácia. Não falo de uma tola imprudência, como a que um rapaz de dezoito anos é capaz de cometer, para depois pagar muito caro por ela. Refiro-me a uma audácia que vem das profundezas, que responde a esse sentimento que se exprimia outrora pela expressão "Deus o quer". Vejo que, aos olhos dos homens, o comportamento que minha mulher, Denise, e eu temos tido ao longo dos anos era de loucura. Era loucura, quando eu trabalhava como assistente na televisão, renunciar a produções importantes, nas quais eu poderia ter sido primeiro assistente de um grande realizador, para não faltar a uma única sessão dos movimentos e danças sagradas que praticávamos como parte do ensinamento dos grupos de Gurdjieff. Foi loucura partir, nas condições em que estávamos em 1962, sem dinheiro, levando um filho de quatro anos de Paris à Índia por estradas de terra, e mais tarde, em 1964, um bebê de três meses e meio — loucura razoável, considerando-se que eu sabia, para cada quinhentos ou seiscentos quilômetros de percurso, o nome de um pediatra que falava francês. Em todos os lugares em que houvesse um turco, um iraniano, um afegão que tivesse estudado medicina na França, eu sabia o seu endereço. Com quatro meses e meio, o bebê estava nos braços de Mâ Anandamayi e, com seis meses, nos do Dalai-lama. Deus o quis, nós partimos. No final, as crianças voltaram em perfeita saúde, mesmo tendo ficado doentes uma ou duas vezes. Nossa fé era tal que — "Deus o quer" — elas se curaram.

Pode também ocorrer que um risco dê mau resultado. Heróis da Resistência foram fuzilados. Não posso prometer-lhes que, se a intensidade de sua busca espiritual os levar a certas ações, a certos comportamentos, vocês só venham a ter vantagens materiais, como rodar belos filmes com os quais se possam, em seguida, fazer belas emissões pela TV. Onde vocês podem encontrar uma influência que os ajude? É preciso dar sem ter a certeza de receber. Nada de cálculos mesquinhos: "Só irei ver aquele Rimpoche tibetano se tiver a certeza de receber uma grande bênção." Há uma chance? Vou até lá. Se nada acontecer e se for um fracasso, não me arrependo. Eu tentei.

Não digo que todos vocês devam ir à Índia amanhã passar seis meses, abandonando o emprego. Como podem ver, é apenas uma questão de caso pessoal. Mas vocês não podem viver protegidos, sem jamais se expor, e ser ao mesmo tempo aventureiros da espiritualidade. Sejam audaciosos. Sejam tolos à sua maneira, com aquela loucura aos olhos dos homens que é sabedoria aos olhos de Deus. Corram riscos, busquem, busquem outra vez, busquem por toda parte, busquem de todas as maneiras, sem deixar escapar nenhuma ocasião ou possibilidade que o destino ofereça; não sejam avarentos, não sejam mesquinhos tentando discutir o preço.

Dêem de todo o seu coração e vocês receberão. Não deixem escapar as oportunidades. Algum ou alguma de vocês me dizia recentemente: "Sinto que é preciso agir depressa; a Índia ainda tem muito para me dar, mas será que ela estará sempre lá?" Não. Quem teria acreditado, no momento em que rodei o filme sobre os sufis no Afeganistão, em 1973, que dois anos depois eles seriam perseguidos, fuzilados, tendo suas cidades sido destruídas por napalm? A Índia atual ainda encerra tesouros, não apenas alguns sábios famosos cercados de milhares de norte-americanos, mas bastaria uma mudança de regime político para que os estrangeiros não pudessem mais viajar individualmente, mas só em grupos organizados, e então será tarde demais. E é sempre tarde demais que despertamos: "Ah, se eu soubesse!" Os arrependimentos não fazem um *sadhana*, e vocês não despertarão sentindo: "Fiz o que tinha de fazer, recebi o que tinha de receber, dei o que tinha para dar" se viverem na nostalgia de tudo o que não realizaram por falta de coragem.

Conheci um pouco os membros da Sociedade dos Exploradores. Que audácia eles demonstram para fazer expedições que nada têm de espiritual, quer se trate de ir se entregar às picadas de mosquitos e de serpentes nos confins da Amazônia ou de ficar à deriva num barco como Bombard, com o risco de perecer cem vezes, apenas para provar que podemos nos alimentar de plâncton e beber água do mar. E, por motivos espirituais, vocês querem ir com prudência, querem estar seguros de antemão do resultado. O tempo passa. Temos vinte e cinco anos, trinta e cinco anos e, depois, de repente percebemos que temos quarenta e os cabelos brancos aparecem. Não esperem que seja tarde demais para se arrepender. Ponham o ensinamento em prática a cada segundo, se puderem, a cada hora se não puderem a cada segundo, uma vez por dia se não houver outro jeito, e procurem também tudo o que puder ajudá-los.

Lembro-me de que, quando jovem, preso à minha infantilidade e à minha ingenuidade, mas inflamado pelo fascínio da espiritualidade, apaixonado pelos livros que podia ler, e sabendo que aparentemente não tinha nenhuma possibilidade de ir à Índia, lembro-me de ter ouvido dizer uma vez, nos grupos de Gurdjieff, que o Mont-Saint-Michel era uma verdadeira obra de arte "objetiva" que transmitia leis da espiritualidade por meio de sua arquitetura. Parti para o Mont-Saint-Michel como para um encontro com Deus. Não é grande coisa ir ao Mont-Saint-Michel, mas senti: tenho encontro com Deus no Mont-Saint-Michel. Havia aí muita imaginação, muita projeção, e até fiquei decepcionado, pois esperava demais. Depois, li que Vézelay também era uma obra de arte sacra, um lugar elevado cheio de vibrações espirituais; e lá fui eu para Vézelay. Isso não era muito difícil para um parisiense, mas lembro-me com que estado de espírito peguei a estrada, o mesmo estado de espírito que me levou, em seguida, ao Butão, a Sikkim, ao Japão.

Cada um tem o seu destino a cumprir. Não imitem, não copiem. Vocês não são chamados a rodar filmes para a televisão, mas o que podem ouvir é uma afirmação categórica: vocês nunca chegarão a nada no caminho se não quiserem passar por dificuldades. Eu seria desonesto se só os ajudasse a acalentar seus sonhos. Mas partam também com a boa nova no fundo do coração: prometo a todos que a cura é possível e eu gostaria de olhar nos olhos alguns e algumas de vocês que conheço, e que estão ainda mais perdidos do que os outros. Até mesmo aos que têm sido passados para trás por angústias, por neuroses, por incapacidade de viver, até mesmo a esses posso prometer solenemente que a cura é possível. Há um caminho, há uma via, há um método. Buda o ensinou, Cristo o ensinou numa linguagem que desfiguramos mas que nem por isso é menos verdadeira. Swâmiji, guru anônimo de Bengala, também mostrou esse Caminho. Tenham um pouquinho de imaginação e visualizem: eu, e não Ramdas, eu, eu livre, eu completamente à vontade na existência, eu pleno. Isso parece tão insuportável aos ouvidos quanto dizer: "Você ainda precisa de vinte anos para chegar à meta." No entanto, essa é a verdade. E se tiverem essa louca audácia de ir além do tempo, como o iogue que admitia viver tantas existências quantas são as folhas da árvore *tulsi*, talvez o despertar de vocês se produza mais cedo do que vocês e eu podemos prever hoje.

GESTOS DE EQUILÍBRIO

Tarthang Tulku

Lama-Chefe do Centro Tibetano
de Meditação Nyingma e do
Nyingma Institute

Desde sua primeira publicação em língua inglesa, *Gestos de Equilíbrio* tornou-se um *best-seller* entre as obras do autor e um dos livros sobre meditação mais lidos em todo o mundo, por apresentar o mais profundo estudo a respeito de uma tradição antiga traduzida em termos facilmente assimiláveis para a nossa experiência ocidental.

Guia introdutório à percepção, à autocura e à meditação, este livro discute as qualidades básicas para uma abordagem espiritual da vida, que deve ser vivida com honestidade, responsabilizando-se cada qual pelos próprios atos e abrindo o coração aos outros.

Ao ensinar, nesta obra, como viver o Budismo na vida agitada de nosso dia-a-dia, seu autor — um lama tibetano que há mais de 10 anos continua no seu trabalho pioneiro de aproximação entre Ocidente e Oriente através do que este possui de mais elevado: sua tradição filosófico-religiosa — realizou a façanha de tornar acessíveis para os ocidentais o pensamento e as práticas milenares ensinadas pela tradição budista no Tibete.

EDITORA PENSAMENTO

ALÉM DO MATERIALISMO ESPIRITUAL

Chögyam Trungpa

"O percurso correto do caminho espiritual é um processo muito sutil e não alguma coisa a que possamos atirar-nos ingenuamente. Existem numerosos desvios que levam a uma distorção egocentrada da espiritualidade; podemos iludir-nos, imaginando que estamos nos desenvolvendo espiritualmente quando, na verdade, não fazemos senão fortalecer nosso egocentrismo por meio de técnicas espirituais. A essa distorção básica pode dar-se o nome de *materialismo espiritual.*"

Além do materialismo espiritual é a transcrição de duas séries de palestras dadas por Trungpa Rinpoche em 1970-71. "As palestras discutem, em primeiro lugar, as várias maneiras pelas quais as pessoas se envolvem com o materialismo espiritual, as muitas formas de auto-ilusão em que os aspirantes podem cair. Depois desse passeio pelos desvios ao longo do trajeto, discutimos o verdadeiro caminho espiritual, em seus contornos mais amplos.

"O que se apresenta aqui é um enfoque budista clássico — não no sentido formal, mas no sentido de mostrar o cerne do enfoque budista da espiritualidade. Apesar de não ser teísta, o caminho budista não contradiz as disciplinas teístas. As diferenças entre os caminhos são mais uma questão de ênfase e de método. Os problemas básicos do materialismo espiritual são comuns a todas as disciplinas espirituais."

EDITORA CULTRIX

COMO MEDITAR

Kathleen McDonald

Este livro surgiu do crescente interesse pela meditação e da escassez de informações sobre o melhor modo de realizá-la. Foi escrito, basicamente, para os que desejam iniciar-se nessa prática, mas deverá interessar também a todos quantos queiram se inteirar de seus princípios básicos.

Existem centenas de métodos de meditação ensinados pelas diversas tradições espirituais, e escolher o mais adequado, o caminho correto, é uma questão de pesquisa e de experiência pessoal. A maioria das técnicas aqui apresentadas vem da tradição Mahayana do Tibete; várias delas são provenientes da tradição Theravada do sudeste da Ásia e algumas são improvisações da autora sobre temas budistas.

Por desejar mostrar que o Budismo não é uma filosofia árida ou um culto exótico, a autora evita os termos técnicos, usando uma linguagem simples e sem artifícios. Cada técnica aqui apresentada é precedida de uma introdução que fornece alguma base para a meditação, mostrando seus benefícios e o melhor modo de realizá-la.

O volume é completado pela transcrição fonética de algumas orações em tibetano e por um glossário.

A autora, Kathleen McDonald, fez seus primeiros cursos de meditação budista em Dharamsala, na Índia. Atualmente, dirige o mosteiro Dorje Pamo, em Lavaur, França, a primeira comunidade de monjas budistas do Ocidente.

EDITORA PENSAMENTO

ALEGRIA E TRIUNFO

Eis um livro que apresenta verdadeiras receitas contra a angústia, o medo, a incerteza, a falta de confiança própria e outros obstáculos que, somados, resultam no "atraso de vida".

Nele não encontrará o leitor nenhum ritual cabalístico ou fórmula misteriosa, de difícil enunciação, mas simplesmente os meios de despertar em seu íntimo as poderosas forças do Eu Superior ou seu Cristo Interno.

Com efeito, desde a leitura de suas primeiras páginas, sentimo-nos animados daquela *fé dinâmica*, que tantos prodígios tem realizado no mundo.

Fugindo ao processo adotado pela maioria dos tratadistas da matéria em questão, o autor procurou demonstrar como devemos aplicar a Fé em nossa vida prática, citando centenas de animadores exemplos, em que a alegria e o triunfo voltaram a brilhar na vida dos desesperados e necessitados.

"O vosso Eu Sou, ou Cristo Interno, é o vosso deus pessoal ou a partícula divina em vós, *a qual tem todas as qualidades de Deus e todos os poderes para realizar as vossas aspirações*, desde que não sejam prejudiciais às dos outros."

Baseados neste princípio citado pelo autor, repetindo as *afirmações especiais* oferecidas para casos de urgência, sentimos tamanha convicção da existência do *poder interno* que possuímos, que dificilmente voltaremos a ser dominados pelos nossos piores inimigos: a angústia, o ódio, o ressentimento, o temor das dívidas e outras torturas que, em geral, acabrunham a maior parte da Humanidade.

Como os pensamentos negativos abatem o nosso sistema nervoso, prejudicando a nossa saúde física e moral, notarão os que seguirem os conselhos e os contagiantes exemplos apontados no livro que, ao cabo de pouco tempo, estarão com boa disposição mental e saúde normal.

"*É vontade de Deus que prospereis e vivais na abundância de tudo o que é bom e desejável.*"

Ora, mantendo viva essa afirmação em nosso espírito, fortalecemos o nosso subconsciente e passamos a repelir a idéia de que viemos a este mundo para cumprirmos uma "provação" de miséria, fome, pobreza. . .

Deus nos vê como seres perfeitos, *criados à sua imagem e semelhança*, possuindo poder e domínio.

Essa é a perfeita idéia de nossa entidade, registrada na Mente Divina, à espera do nosso reconhecimento, pois só poderemos manifestar o que a nossa mente puder ver que somos e alcançarmos *aquilo que ela nos vê alcançando*.

Portanto, mediante a disciplina da imaginação e os esplendores da Fé Dinâmica, tão bem apresentada neste livro, terá o leitor a chave da sua alegria e seu triunfo!

Ilustrado com inúmeros exemplos de difíceis problemas, que encontraram rápida solução *através da força interna que possuímos*, o livro apresenta ao leitor muitos casos que lhe dizem respeito, como também aos seus familiares e amigos, apontando-lhes uma saída salvadora.

É o que a todos desejamos, para que doravante possam viver com alegria e triunfo!

EDITORA PENSAMENTO

O ATLETA INTERIOR

COMO ATINGIR A PLENITUDE DO SEU POTENCIAL FÍSICO E ESPIRITUAL

Dan Millman

Dentro de cada um de nós há um atleta natural esperando para nascer.

Este novo livro de Dan Millman mostra como aprimorar habilidades, acelerar a aprendizagem e fazer uso do seu potencial — não apenas nos esportes como na vida diária —, transformando o treinamento num caminho de crescimento e de descoberta pessoal.

Dan Millman é ex-campeão mundial de trampolim, ginasta incluído no *Hall of Fame*, treinador e professor universitário. Seus livros têm inspirado milhões de leitores.

* * *

Os dicionários definem um atleta como "alguém que se envolve ou compete em exercícios ou jogos de agilidade, de força, de resistência física etc." A arena do atleta *interior* tem uma significação e um escopo bem mais amplos. Além de praticar habilidades físicas, os atletas interiores desenvolvem qualidades mentais e emocionais que, ao contrário da maioria das habilidades físicas especializadas, podem aplicar-se a todos os aspectos da vida.

Este livro serve a um duplo propósito: em primeiro lugar, para oferecer princípios, perspectivas e práticas concebidos para ampliar o escopo do treinamento interior; e, em segundo, para ajudar o leitor a alcançar a excelência no seu campo de atividade, seja ele qual for.

EDITORA PENSAMENTO

A UNIDADE DA VIDA

Uma Odisséia Espiritual

Michael J. Roads

Depois de passar pelas iniciações criadas pelo grande deus Pã, Michael J. Roads – autor de *Descomplicando a Vida*, *Diálogos com a Natureza* e *A Natureza e o Despertar do seu Mundo Interior* – conquistou o direito de entrar conscientemente em novas dimensões da realidade física.

Ao ultrapassar as portas da iniciação, deixam de existir para ele o tempo linear e a realidade material. Tudo o que era conhecido foi substituído abruptamente por coisas absolutamente desconhecidas. O tempo, se é que tinha algum significado, era esférico, de modo que todos os pontos da esfera marcavam o mesmo momento – sempre.

Lançado em seu corpo de luz de uma porta espiritual a outra, ele encontra diversos seres que expandem sua consciência para as diferentes dimensões da realidade. Passo a passo, Michael é levado à compreensão mais profunda da sua jornada rumo à unicidade. Como consciência, ele evolui de gás a mineral, a vegetal, a animal e, finalmente, a ser humano, sentindo o anseio do Eu por expressar-se através da forma física. Michael explora o universo infinito e chega a conhecer o significado da afirmação bíblica: EU SOU AQUELE QUE É.

* * *

"A leitura de *A Unidade da Vida* o estimulará – expandindo sua mente por horizontes infinitos e satisfazendo necessidades que você não sabia que tinha... Michael J. Roads é um contista metafísico que reina soberano entre seus pares."

Friend's Review

"Os leitores de *A Unidade da Vida* são conduzidos a conhecer dimensões e a presenciar prodígios nunca antes imaginados. Com este livro, Michael J. Roads se firma como um escritor inspirado, contador de histórias, professor e um ser radiante. Recomendamos vivamente a sua leitura.

Magical Blend Magazine

EDITORA PENSAMENTO

HEI DE VENCER

ARTHUR RIEDEL

Neste livro, ARTHUR RIEDEL, verdadeiro professor de otimismo, expõe, em linguagem clara e atraente, uma filosofia prática de vida baseada na auto-sugestão mental e no desenvolvimento da vontade. Trata-se de livro que se dirige particularmente a todos quantos ainda não se encontraram ou não acharam à paz interior necessária a uma existência calma e venturosa. HEI DE VENCER ensina seus leitores a cultivarem uma imaginação positiva, que os capacite a obter na vida aqueles triunfos de ordem espiritual e material que antes lhes pareciam impossíveis de alcançar.

EDITORA PENSAMENTO

18

Outras obras de interesse:

A AJUDA ATRAVÉS DO INCONSCIENTE
Erhard F. Freitag

A ALEGRIA DE SER VOCÊ MESMO
Darío Lostado

VIVER COMO PESSOA - O verdadeiro sentido da vida
Darío Lostado

COMO PASSAR SUA VIDA A LIMPO
Marisa Thame e *Kani Comstock*

SE VOCÊ QUER, VOCÊ PODE!
Eneida Lermen

A TRANSFORMAÇÃO PESSOAL ATRAVÉS DA CONSCIÊNCIA
Pamela C. e *Jonathan P.*

VIDA ATIVA - Nossa jornada num mundo de criatividade, espiritualidade e ação
Parker J. Palmer

A VIDA COMO UM PROCESSO DE APRENDIZADO
Stephanie Merges

VIVA UMA VIDA DE PROSPERIDADE
Kenneth T. Hurst

VIVENDO E APRENDENDO
Ken Keyes, Jr. com *Penny Keyes*

VIVENDO COM ALEGRIA - Chaves para a Conquista do Poder Pessoal e da Transformação Espiritual
Sanaya Roman

JORNADA RUMO À CONSCIÊNCIA
Charles Breaux

IMAGINAÇÃO ATIVA
Serge King

A AVENTURA DA AUTODESCOBERTA - Usando Mitos, Símbolos e Imagens que Revelam a sua Vida Interior
Alexandra Collins Dickerman

A BUSCA - Uma Jornada pelo Caminho Interior
Jean Sulzberg (org.)

REFLEXOS DA ALMA - Projeção e Recolhimento Interior na Psicologia de C. G. Jung
Marie-Louise von Franz

A AUDÁCIA DE VIVER

Arnaud Desjardins e *Véronique Loiseleur*

Arnaud Desjardins, que já foi um viajante incansável, diretor de filmes para a televisão sobre as espiritualidades vivas do Oriente, filmes que marcaram época, autor de quinze livros cujo impacto não pára de crescer, vive hoje no sul da França, onde se dedica a transmitir o que lhe foi ensinado.

Por que os seres humanos têm medo de morrer? Porque não viveram de fato. E que maldição os impediu de existir plenamente a não ser o medo de viver?

Não há dúvida de que a nossa civilização em nada nos ajuda a ousar ser e a exprimir aquilo que realmente somos, apesar de sua aparente permissividade.

A importância exagerada que a nossa sociedade atribui aos valores puramente intelectuais e ao saber abstrato não favorece o cultivo nem o desenvolvimento do sentimento. A proliferação de modelos, muitas vezes efêmeros e superficiais, propostos pelos meios de comunicação contribui para essa confusão. É cada vez mais difícil conseguir ser o que se é, e não uma imitação. Além disso, muitas pessoas só se empenham pela metade na aventura da existência; elas avançam com timidez, tomadas por um sentimento de frustração, sem saber de onde podem extrair a simples coragem de ser.

Seguindo a linha das obras precedentes escritas por Arnaud Desjardins, *A Audácia de Viver* pretende ser um apelo a uma vida plena, uma vida intensa, de acordo com as condições de cada um de nós. O livro se dirige a todos os homens e a todas as mulheres que aspiram encontrar ou reencontrar em seu próprio ser a audácia de viver.

ISBN 85-315-0971-8

EDITORA PENSAMENTO